»Hier, am Küchentisch in Thurnhosbach, klingt das unmöglich. So etwas kann man nicht machen! Das ist Hölle! – Doch: Das kann man machen. Wenn du dich langsam vorwärts bewegst, Tag für Tag, Kilometer um Kilometer, dann geht es. Die Angst hört auf. Du bist wachsam. Achtsam. Neugierig. Nimmst Anteil am Leben der anderen. Siehst Furchtbares. Und Schönes. Erfährst die Hilfsbereitschaft und Gastfreundschaft der Menschen. Und nach und nach wird es eine der wertvollsten Erfahrungen deines Lebens.« Mit 65 Jahren, einem 24 Jahre alten Benz und ohne Reisepass macht sie sich auf, um 15 Länder über 18.000 Kilometern bis nach Südostasien zu bereisen.

MARGOT FLÜGEL-ANHALT, geb. 1953, fuhr nach ihrer Pensionierung als Sozial- und Theaterpädagogin mit 64 Jahren auf einer Reise-Enduro von Nordhessen bis nach Zentralasien. Ihr erstes Buch ÜBER GRENZEN sowie die gleichnamige Film-Dokumentation stürmten die Bestsellerlisten. Margot Flügel-Anhalt lebt in Nordhessen.
TITUS ARNU, Co-Autor, geb. 1966, schreibt u. a. für die *Süddeutsche Zeitung* und *Geo*. Er hat mehrere Bücher verfasst und ist Co-Autor von Margot Flügel-Anhalts ÜBER GRENZEN. Titus Arnu wohnt in Süddeutschland.

Mehr Infos zu Margot und ihren Reisen unter www.margot-reist.de und ◼ Margot reist

MARGOT FLÜGEL-ANHALT

Einfach abgefahren

Wie ich mit 65 Jahren und einem alten Benz
18.000 Kilometer durch 15 Länder reiste

Verfasst mit Titus Arnu

Ullstein

Besuchen Sie uns im Internet:
www.ullstein.de

Wir verpflichten uns zu Nachhaltigkeit
- Papiere aus nachhaltiger Waldwirtschaft und anderen kontrollierten Quellen
- Druckfarben auf pflanzlicher Basis
- ullstein.de/nachhaltigkeit

Hinweis: Einige Namen von Personen in diesem Buch wurden geändert, um diese vor Diskriminierung und Verfolgung in ihren Ländern zu schützen.

MIX
Papier
FSC FSC® C083411

Ungekürzte Ausgabe im Ullstein Taschenbuch
1. Auflage Mai 2022
2. Auflage 2024
© Ullstein Buchverlage GmbH, Berlin 2021/ Ullstein Extra
Wir behalten uns die Nutzung unserer Inhalte für Text
und Data Mining im Sinne von §44b UrhG ausdrücklich vor.
Umschlaggestaltung: zero-media.net, München
Titelabbildung: © Johannes Meier / streetsfilm; © FinePic®, München
Illustrationen Innenklappen und Innenteil: © Diana Köhne
Fotos: © Johannes Meier/streetsfilm, © Paul Hartmann/streetsfilm,
© Margot Flügel-Anhalt/streetsfilm
Satz: LVD GmbH, Berlin
Gesetzt aus Scala OT
Druck und Bindearbeiten: CPI books GmbH, Leck
ISBN 978-3-548-06603-5

Für Achim

»*Ein Herz ist weit, wenn es Raum hat für alle Menschen,
sie anschaut, ohne zu bewerten, und sie sein lässt, wie sie sind.*«

Benedikt von Nursia

Thurnhosbach, Hessen, im März 2020

In jeder Krise verbirgt sich auch eine Chance. Ich schreibe in Zeiten der Corona-Krise. Ich bin zu Hause, in freiwilliger Quarantäne. Erledige Dinge, die unerledigt herumgelegen haben während meiner letzten Reisen. Denke nach, wohin mich mein Weg noch führen könnte, träume, lasse meine Gedanken schweifen, während die Welt stillzustehen scheint.

Wieder habe ich großes Glück. In Zeiten einer Pandemie lebe ich in Deutschland. Noch haben wir genug Intensivbetten, stocken auf für den zu erwartenden Ernstfall. Klopapier fehlt, Trockenhefe, Gesichtsmasken. Die Erntehelfer aus Osteuropa dürfen nicht einreisen, was bei den Bauern zu berechtigter Sorge führt. Wie sehr wir in Zeiten der globalen Wirtschaft voneinander abhängen, das zeigt sich jetzt. Es ist März 2020. In Italien sterben täglich sechshundert Menschen und mehr. Militärkonvois karren die Leichen zu Krematorien. China will jetzt helfen mit Ausstattung. Die USA und Großbritannien merken langsam, dass das, was sich da ausbreitet, keine einfache Grippe ist. Die Zahlen der Infizierten und Toten steigen weltweit täglich an. Und, so sagen die Virologen, wir stehen erst am Anfang der Pandemie.

Meine große Reise mit dem alten Benz nach Südostasien könnte ich jetzt nicht mehr machen. Das Auswärtige Amt hat eine weltweite Reisewarnung ausgesprochen. Viele Länder haben ihre Grenzen abgeriegelt. Glück gehabt, dass ich jetzt wieder zu Hause bin und nicht unterwegs in fernen Ländern ...

Zulekha, meine Freundin aus Karatschi, Pakistan, schreibt mir auf WhatsApp: »*Situation in Pakistan is that government has locked down everything, have stock food and everything for 15 days yet, but saying that lockdown is going to be for 1 month. 1300 people have died here in this virus.*« Und sie fügt hinzu: »*Take care of yourself; heard that it is attacking a lot of children and old people ...!*«

Alireza aus dem Iran schickt ein Gebet: »O du Wandler der Herzen und der Blicke. O du Verwalter von Nacht und Tag. O du Wandler der Zustände und des Befindens. Wandle unseren Zustand in den besten Zustand!«

Seine Worte in Gottes Ohr.

Die Farben von Jaipur

Anderthalb Jahre zuvor

Mein Kaffee duftet nach Fernweh. Ich schließe meine Augen, lege die Hände an die warme Tasse und atme tief durch die Nase ein. Ein Hauch Curry, etwas Kurkuma und Koriander, dazu Zimt, eine Pfeffernote, vielleicht auch Kardamom, Ingwer und Nelken. Der wunderbare Duft von Indien, der mich jeden Morgen schon zum Frühstück auf eine gedankliche Fernreise schickt. Das funktioniert bei mir besser als jeder Reisekatalog, jede Bildergalerie im Internet und jeder Film – denn wenn ich die Augen schließe, habe ich das Gefühl, ganz woanders zu sein. Ich sehe einen Basar mit offenen Gewürzsäcken, höre die Händler rufen, rieche und schmecke den Orient. Dabei sitze ich zu Hause in Thurnhosbach, einem kleinen Dorf in Nordhessen. Oktober 2019, es ist kalt und grau. Trotzdem bin ich in Indien, irgendwie.

Die kleine silberne Dose mit der exotischen Gewürzmischung steht im Küchenregal, sie heißt »Farben von Jaipur«. Ein Zaubermittel, das ich seit Jahren benutze. Jeden Morgen rühre ich eine kleine Prise des gelblichen Pulvers in meinen Kaffee, atme tief ein – und fühle mich, als wäre ich nach Südostasien teleportiert worden. Während ich den ersten Schluck heißen Kaffee trinke und den zimtigen, leicht scharfen Geschmack am Gaumen genieße, schaue ich auf den Morgennebel, der von den Wiesen aufsteigt, blicke auf den Waldrand, an dem eben noch ein paar Rehe standen. Auf dem Berg drehen sich die Windräder im grauen Dunst, sie schauen aus wie dreiarmige Riesen. Ich male mir aus, wie es wirklich aussehen könnte in Jaipur, wie es dort riecht, wie die Leute angezogen sind und wie es auf dem Markt zugeht. Asien übt seit jeher eine starke Anziehungskraft auf mich aus, ich liebe die Gerüche und die Märkte dort. Ich war schon in Thailand, in Laos, bin mit dem Motorrad durch Kirgistan, Tadschikistan, Usbekistan und Iran gefahren. Aber in Indien war ich noch nie. Die Farben und die Düfte von Jaipur existieren für mich im Moment nur in meinem Kopf.

Wie wäre es, wenn ich einfach losfahre in Thurnhosbach – und eines Tages wirklich ankomme in Jaipur?

Ich könnte in meinen alten Mercedes steigen, der unten vor dem Haus steht. Ich könnte über Sontra, Bebra und Fulda in Richtung Passau fahren, dann weiter durch Österreich, Slowenien, Kroatien, Griechenland und die Türkei in den Iran. Dann müsste ich Pakistan durchqueren. Geht das? Das muss doch gehen! Dann wäre ich eigentlich schon in Indien. Und wenn ich schon mal so weit gekommen wäre, könnte ich ja noch weiterfahren nach Myanmar, Thailand und Laos; da soll es sehr schön sein. Wenn es bei uns schneit, könnte ich dort unter lauwarmen Wasserfällen duschen. Ich würde frische Mangos auf dem Markt kaufen und vielleicht in einem netten Straßencafé ein Curry essen, das nach den Farben von Jaipur schmeckt.

Von solchen Dingen träume ich, während ich an diesem grauen Herbsttag meinen magischen Kaffee schlürfe. Aber warum nur träumen? Was soll dieses »könnte«, »wäre«, »würde«? Hatte ich mich nicht entschieden, meine Träume zu leben? Nach meiner Pensionierung im Jahr 2018 bin ich mit einer 125er-Honda einfach losgefahren, obwohl ich keinen Motorradführerschein besaß, und bin mit der kleinen Maschine bis zum Pamir Highway und heil wieder zurückgekommen.

Warum also nicht mit dem alten Benz nach Iran, Pakistan, Indien und Laos? Klar, da kann einiges schiefgehen, und ob ich überhaupt ein Visum für Iran und Pakistan bekomme, steht in den Sternen. Auch ob es der alte Benz noch so weit schaffen kann, ist ungewiss; das Auto ist nicht mehr das jüngste. Von anderen Fernreisenden habe ich erfahren, dass sie auf der Überlandstrecke von Europa nach Südostasien unzählige bürokratische Hindernisse überwinden mussten. Trotzdem will ich genau diese Reise machen. Oder vielleicht genau deshalb? Solche Herausforderungen ziehen mich an.

Das Ungewisse macht mich glücklich, nicht das Altbekannte. Ich bin jemand, der auf einen Berg steigt, um zu schauen, was dahinter kommt – und dann weitergeht, um neue Grenzen zu entdecken, anstatt wieder umzukehren. Ich bewege mich gerne in unbekannten Gefilden. Das heißt nicht, dass es unbedingt eine Fernreise sein muss – jede Wanderung im Wald hinter meinem Haus in Hessen kann mich in einen neuen Kosmos führen. Ich suche das Abenteuer. Es weckt Kräfte in mir, durch die ich mich lebendig fühle.

Wenn ich mich mit einem kleinen Motorrad über einen 4655 Meter hohen Pass quäle, wie auf meiner Reise durch

Zentralasien, ist das anstrengend, manchmal auch schmerzhaft. Immer wieder bekomme ich bei Vorträgen über meine Reisen die Frage gestellt, warum ich mir so etwas antue. Und warum ich ein Projekt nicht abbreche, wenn die Schwierigkeiten zu groß erscheinen.

Ja, warum? Vielleicht, weil ich vor Freude schreie, wenn ich einen 4655 Meter hohen Pass überwunden habe. Weil ich laut singe, wenn ich alleine Hunderte Kilometer geradeaus durch die Steppe Kasachstans brettere. Weil ich vor Glück fast verrückt werde, wenn ich die erhabene Stille einer Wüste an einem sonnigen Morgen erlebe. Weil ich beim meditativen Fahren auf einer Landstraße im Iran plötzlich erkenne, dass ich frei bin. Ich spüre mit allen Sinnen, dass ich unterwegs bin, und dann stellt sich eine ganz stille, große Dankbarkeit ein, weil ich so etwas überhaupt erleben darf. Weil ich gesund, unabhängig und wohlhabend genug bin, um alleine um die halbe Welt zu fahren. Weil ich lebe. Eine tiefe, spirituelle Erfahrung. Genau deshalb will ich immer wieder losfahren, egal, wie verrückt und sinnlos das manchem erscheinen mag.

Der größte Fehler, den man bei einer Reise machen kann: nicht aufzubrechen.

»Ich fahre nach Jaipur!« Diesen Entschluss habe ich bei meinem Morgenritual gefasst. Und kurz darauf stand fest, dass ich von Indien weiter nach Thailand und Laos fahren würde. Mein Sohn Philip ist in der Hotellerie tätig und arbeitete mehrere Jahre in Bangkok. Wir hatten schon länger vor, uns in Südostasien zu treffen und im Dschungel von Laos eine Motorradtour zu unternehmen. So weit die Idee. Die konkrete Planung entpuppte sich allerdings als viel komplizierter. Vor allem, wenn man mit dem eigenen Auto anreist, auf dem

Landweg. Natürlich könnte ich nach Indien oder Laos fliegen und dort ein Motorrad mieten, das wäre abenteuerlich genug. Aber das ist nicht das Gleiche. Grundsätzlich reizt es mich, lange unterwegs zu sein, viele Kilometer am Stück selbst zu fahren. Von Thurnhosbach nach Jaipur sind es 15.000 Kilometer, aber nur, wenn man geradlinig fährt und keine Umwege und Abstecher macht. Dass man grundsätzlich auf dem Landweg von Deutschland nach Südostasien kommt oder umgekehrt, hat mich immer schon gereizt. Als Philip im Jahr 2014 auf die Idee kam, in Thailand ein Auto zu kaufen und damit nach Deutschland zu fahren, wäre ich gerne mitgefahren. Wir begannen zu recherchieren, wie man ein neues Auto von Südostasien auf dem Landweg nach Deutschland bringen kann. Wie wenig vielversprechend die Idee war, erfuhr ich bei einem Telefonat mit einem Autoimporteur:

»Sie wollen bitte was?«

»Ich will in Thailand einen SUV kaufen und damit auf dem Landweg nach Hause fahren.«

»Warum?«

»Weil die Autos dort billiger sind. Und weil es mir Spaß macht.«

»Glauben Sie mir, das macht keinen Spaß.«

»Warum nicht?«

»Als einzelne Privatperson ein Auto durch Länder wie Indien, Pakistan und Thailand bringen? Haben Sie überhaupt eine Ahnung, was da an Papierkram und Auflagen auf Sie zukommt?«

»Nein. Aber ich würde es trotzdem gerne machen.«

»Ein Auto aus Thailand kann man in Deutschland schwerlich anmelden. Das Steuer ist auf der rechten Seite, und der TÜV lässt technische Mängel, die in Thailand niemanden interessieren, niemals durchgehen. Außerdem sind die büro-kratischen Hürden und Gebühren für die Grenzübertritte hoch. Ihnen muss klar sein, dass sich die Unternehmung finanziell nicht mal annähernd lohnt.«

Die Farben von Jaipur in meinem Kaffee wirken eindeutig inspirierender als Gespräche mit Autoimporteuren.

Draußen im Hof steht mein Auto: zuverlässig, robust, unkompliziert. Es ist kein moderner SUV mit Navigationsgerät, sondern ein in die Jahre gekommener Mercedes-Benz C 180, Baujahr 1995. 122 PS, Hinterradantrieb, Schaltgetriebe: Im Gegensatz zu den heutigen Fahrzeugen ist alles an dem Wagen analog und bodenständig. Ich habe den Benz seit sechzehn Jahren. Jeden Tag bin ich damit zur Arbeit gefahren und zu meinen Freizeitaktivitäten. Jeden Tag ist er angesprungen, Sommer wie Winter. Eigentlich gab es nie irgendwelche Probleme. Mal mussten die Bremsen erneuert werden, mal der Kabelbaum, an den Radkappen ist Rost. Der Innenraum ist geräumig, man kann beinahe darin wohnen. Mit seiner inzwischen mattanthrazitfarbenen Karosserie wird er dem Schriftzug »Elegance« auf seiner Seite immer noch gerecht.

Der alte Benz erscheint mir für meine Reise als ideales Gefährt. In den Monaten Oktober, November, Dezember und Januar kann es auch im Iran, Pakistan und Nordindien mitunter sehr kalt sein, gebietsweise ist mit Schnee zu rechnen.

Meine Reise mit der 125er-Honda zum Pamir-Gebirge war ein Wagnis. Ich hatte wenig Ahnung vom Motorradfahren, die Maschine war eigentlich nicht geeignet für die mehr als 4000 Meter hohen Pässe und das viele Gepäck, ich war nicht geübt, ich bin mehrmals gestürzt. Auf meinen alten Benz werde ich mich verlassen können, und ich kann so viel Gepäck mitnehmen, wie ich will. Das Auto ist beim Start der Reise fünfundzwanzig Jahre alt. Vor zwölf Jahren habe ich einen Zusatztank für Gas einbauen lassen, was für meine Route recht praktisch ist, da ich Benzin oder Autogas tanken kann. Autogas bekommt man in den Ländern, die ich durchqueren will, überall problemlos, wie ich vorab recherchiere, nur nicht in Laos.

Im Vergleich zu modernen Autos, die vollgestopft sind mit Elektronik, ist der Mercedes C 180 noch so einfach gebaut, dass ich vieles selbst reparieren kann. Ich kann Glühbirnen auswechseln, Öl und Flüssigkeiten einfüllen, einen Keilriemen aufziehen und notfalls ein Rad wechseln. Allerdings ist mir auch bewusst, dass dieser Wagen nicht mehr ganz taufrisch ist: Sein Kilometerstand entspricht mit 361.102 fast der Entfernung von der Erde bis zum Mond.

Wenn ich auf die Bremspedale trete, knirscht und knackt es bedenklich – und der Kabelbaum ist vor Kurzem in seine Einzelteile zerbrochen. Zum Glück ist mein Sohn Imo ein Bastler, zusammen mit seinem Mechanikerfreund Frank wird er diese kleineren Mängel beheben können. Hoffe ich. Die TÜV-Untersuchung ist auch noch fällig im Oktober, aber da setze ich auf meinen polnischen Mechaniker, der bis jetzt noch jede Karre durch den TÜV gekriegt hat. Wünschenswert wäre, dass es keine sicherheitsrelevanten Probleme gibt und der Motor zuverlässig läuft. Das wichtigste Zubehör für unterwegs, erklären mir Imo und Frank: Überbrückungskabel, Werkzeug für den Radwechsel, Reservereifen. Ich gehe davon aus, dass ich den Benz unterwegs überall reparieren lassen kann, wenn etwas Wichtiges kaputtgeht.

Ich habe das Gefühl, dass ich nicht alleine unterwegs sein werde, sondern mit einem guten alten Freund – meinem Auto. Ich kenne den Benz in- und auswendig, vom kleinsten Kabel bis zu den Außenmaßen, und ich kann mich auf ihn verlassen.

Reiseseele

Ich sitze zu Hause in Thurnhosbach am Wohnzimmertisch und genieße meinen indisch duftenden Kaffee, ich fühle mich wohl, aber meine Seele ist nicht mehr so richtig hier angekommen nach den letzten Reisen. Sie sitzt vielleicht noch auf einer stillen, abgemähten Rhönwiese, da war ich im Sommer mit der Ducati unterwegs, meinem neuen Motorrad. Ich habe wild gezeltet und bin kleine, kurvige Straßen entlanggefahren. Meine Seele zieht noch durch die kasachischen Steppen, träumt in den Weiten der sibirischen Pampa, glüht in der usbekischen Wüste, sitzt auf dem einsamen, von Wind umtosten Canisp-Berg in den North West Highlands in Schottland, badet im türkisblauen See an den Wasserfällen im laotischen Dschungel.

Fernweh ist mir angeboren. Habe ich das Reise-Gen? Der amerikanische Evolutionsbiologe Justin Garcia behauptet, dass jeder fünfte Mensch dieses Gen in sich trägt. Das Gen soll seine Träger veranlassen, größere Risiken einzugehen als die übrige Bevölkerung, um neue Umgebungen zu erforschen.

Ich habe keine Genanalyse gemacht, aber gefühlsmäßig gehöre ich definitiv zu den Leuten mit Reise-Gen.

Die Lust aufzubrechen überkommt mich plötzlich, unerwartet. Der Duft meines Kaffees kann sie auslösen, das Geräusch eines vorbeifahrenden Motorrads oder das Bellen eines Hundes in der Nacht. Das war schon immer so. Ich erinnere mich, wie ich als Kind mal zusammen mit meiner Familie zu einem Ausflug an den Bodensee aufbrach – übrigens auch in einem Mercedes. Ein prägendes Erlebnis. Es kam mir vor, als würde ich zu einer Expedition rund um die Welt aufbrechen.

Es war ein heißer Sommersonntag. Der Freund meiner Mutter hatte uns eingeladen, mit ihm an den See zu fahren, eine halbe Stunde entfernt von Tuttlingen in Baden-Württemberg, wo ich aufgewachsen bin. Meine Mutter packte Proviant und eine Picknickdecke ein, wir Kinder quetschten uns auf die Rückbank, meine Mutter saß auf dem Beifahrersitz. Außer mir waren das mein Bruder Achim und meine beiden Schwestern Lia und Sybille. Es war einer dieser unbestimmten, grenzenlosen Vormittage, an denen ein leichter Dunst über den Wiesen und Wäldern liegt, eine heimliche Ahnung von Abenteuer in der schon warmen, würzigen Luft. Ich sog die Eindrücke ein und dachte an Weltreisen, fremde Kontinente, wilde Abenteuer. Mir war ein bisschen übel auf der Rückbank des Benz, aber das zählte nicht. Wir waren unterwegs.

Vielleicht hatte ich Glück, als mittlere Tochter zwischen meinen anderen Geschwistern aufzuwachsen. Da sind die Älteren, die alles bereits können. Und die Jüngere, der man haushoch überlegen ist. Die Eltern sind entspannter, man läuft so mit. Zusammen mit den Freundinnen und Freunden in unserer Straße waren wir eine nicht bezwingbare Bande von

Kindern. Das gibt Selbstvertrauen. Die Nachbarskinder gingen bei uns in der Küche ein und aus und blieben oft zum Essen gleich da. Mit den Freunden stromerten wir durch Wald und Flur, stundenlang waren wir draußen, trieben uns in den Feldern umher und waren vollkommen unbeaufsichtigt. Welch eine Freiheit! Später, in der beginnenden Pubertät, rannte ich oft allein durch den Wald. Ich überwand meine Angst vor der Dunkelheit und lernte, im nächtlichen Wald zu sehen und zu hören. Oft saß ich still im Wipfel einer hohen Tanne, lauschte den Vögeln und dem Wind, der über die Wälder strich, und träumte von weiten Reisen und großen Fernen.

Als Jugendliche bin ich mit dem Fahrrad an den Rheinfall in Schaffhausen und durch die Schweiz gefahren. Das Vagabundieren ist mir geblieben, weit über die Tage der Kindheit hinaus. Seit 2008 bin ich immer wieder auf Fernwanderwegen in Europa unterwegs gewesen – auf dem Jakobsweg nach Spanien, über die Alpen, auf dem E3 in Richtung Istanbul. Immer in Etappen, denn ich habe während meiner Berufstätigkeit im Rathaus in Eschwege nur drei bis maximal sechs Wochen lang Urlaub nehmen können. 2018 dann die große Reise mit der Honda nach Zentralasien, der Film »Über Grenzen« und das erste Buch – seitdem kann man sagen, dass ich auch hauptberuflich reise.

In einem Zeitungsbericht bin ich einmal als »Landstreicherin« bezeichnet worden. Ja, das trifft es gut. Ich streiche ziellos über das Land, nicht um irgendwo anzukommen, sondern nur um unterwegs zu sein. Neugierig, lebensfroh, aufmerksam. Alles interessiert mich. Die Pflanzen am Wegesrand. Die Geräusche eines in der Ferne vorbeifahrenden Zuges. Die Schmetterlinge. Die Menschen, denen ich unterwegs begegne. Die Veränderung einer Landschaft von einer Wüste zu einem mehrere Tausend Meter hohen Gebirgszug.

Im Augenblick des Losgehens bin ich eine andere. Kann mich jeden Moment neu erfinden. Im Alltag zu Hause ziehe ich mich gerne in mein Inneres zurück, aber sobald ich in der Fremde bin, gehe ich völlig entspannt und offen auf Menschen zu. Zu riechen, zu hören, zu schmecken, zu fühlen und zu sehen, wie Menschen woanders leben, die Bedingungen kennenlernen, unter denen sie ihr Leben gestalten, mit ihnen ins Gespräch kommen, zuhören, lachen, auch miteinander schweigen, das treibt mich an. Bergketten im Dunst am Horizont, der weite Blick über ein Meer, eine Landstraße, die sich über Hügel windet ... eine ungeahnte Leichtigkeit überkommt mich bei solchen Anblicken.

Ja, ich bin in gewisser Weise auch sesshaft. Und ich habe lange in Städten gelebt, in Freiburg, in Casablanca und siebzehn Jahre in Berlin, aber eigentlich bin ich ein Landmensch. Die Natur in Süddeutschland, die Wanderungen mit der Familie ins Donautal, die Besuche meiner Verwandten auf der Schwäbischen Alb und die Zeit, die ich als Kind und junger Mensch in den Wäldern verbrachte, haben mich geprägt. 1993 bin ich mit meiner Familie von Berlin nach Nordhessen gezogen, meine erwachsenen Söhne Philip und Imo und mein Enkel Aaron kommen mich dort immer gerne besuchen. Jeden Morgen, nachdem ich meinen Kaffee genossen habe, laufe ich barfuß durch das noch feuchte Gras den Hügel hinter meinem Haus hoch. Freiwillig werde ich nie mehr in eine Großstadt ziehen. Mir gefällt es hier in diesem kleinen Dorf mit dem altertümlich klingenden Namen: Thurnhosbach.

Der Name hat übrigens nichts mit Turnhosen zu tun, sondern mit einem Bach namens Hosbach. Er soll sich von der Tatsache ableiten, dass dieser kleine Bach hier oben nah der Quelle schon immer eher dürr war, also wenig Wasser führte.

Vierundvierzig Einwohner, Felder, Wiesen, Hügel, Wald, Windräder, Fachwerkhäuser, Bauernhöfe, eine kleine Kirche – Thurnhosbach wirkt beschaulich, und das Leben in diesem stillen Winkel Nordhessens, im ehemaligen Zonenrandgebiet an der Grenze zu Thüringen, ist tatsächlich sehr friedlich und angenehm. Ich mag die Menschen hier, bin verwurzelt in meinem Leben, habe viele ehrenamtliche Aufgaben übernommen, treibe Sport, bin Mitglied in verschiedenen Vereinen und seit einigen Jahren auch Ortsvorsteherin unseres Dorfes. Aber trotzdem zieht es mich immer wieder hinaus. Zumal ich an typischen Rentnerinnenaktivitäten wie Stricken, Kochen und Nordic Walking eher wenig Interesse habe. Lieber bin ich unterwegs. Ich glaube, dies ist die Grundhaltung meines Lebens.

Früher habe ich als Sozialpädagogin im öffentlichen Dienst gearbeitet, habe meinen Job geliebt, aber kurz vor meiner Pensionierung wurde mein Freiheitsdrang immer stärker. Ich wollte endlich einmal lange unterwegs sein, ohne nach kurzer Zeit wieder an den Schreibtisch zurückkehren zu müssen. Deshalb habe ich mich entschieden, Altersteilzeit zu beantragen, früher auszuscheiden aus dem öffentlichen Dienst – zugunsten meiner Freiheit. Ich will nicht sticken und backen, ich will Abenteuer erleben. Schließlich bin ich erst fünfundsechzig Jahre alt, und ich bin zum Glück einigermaßen fit.

Im Basislager, so bezeichne ich mein schönes Haus und den großen Garten im Nordhessischen Bergland, bereite ich mich nun auf die nächste Reise vor. Auf meinem großen runden Wohnzimmertisch liegen Reiseführer, Landkarten und die Kameraausrüstung bereit. Ich gehe alles durch, was noch erledigt werden muss. Die tägliche Post, die in meinem Briefkasten landet, die Termine, die ich als Rechtliche Betreuerin noch immer wahrnehme, die Ehrenämter ... all das werde ich nicht vermissen. Die Dorfkatzen, die täglich bei mir vorbeikommen, um sich eine Ration Futter für den Tag abzuholen, dagegen schon. Mein weißes frisch bezogenes Bett im stillen Schlafzimmer wird mir fehlen. Und das saubere Wasser, das ich direkt aus der Leitung trinken kann. Ich kenne die Quelle, aus der wir es beziehen. Sie liegt direkt hinterm Dorf am Berghang.

Das Aufbrechen ist für mich auch deshalb möglich, weil ich alleine lebe. Ich war zweimal verheiratet, bin zweimal geschieden. Und habe meine große Liebe getroffen. Einige Jahre nach unserer Scheidung starb mein zweiter Ex-Mann an der Krankheit ALS (Amyotrophe Lateralsklerose), einer nicht heilbaren, degenerativen Erkrankung des motorischen Nervensystems. Der dritte Mann, meine große Liebe, starb an Herzkammerflimmern. Es gab wunderschöne Zeiten in diesen Liebesbeziehungen. Was für ein Geschenk, sich mit einem Menschen zu unterhalten, der ähnlich denkt und dich mit seinen Überlegungen bereichert.

Jetzt lebe ich alleine, das macht mich unabhängig. Es reicht mir schon, dass meine Söhne sich dauernd Sorgen machen und meine Freunde unruhig werden, wenn ich unterwegs bin und mich aus irgendwelchen Gründen mal ein paar Tage nicht melden kann. Wenn sich jemand ernsthaft Sorgen um mich macht, ist das für mich schwierig. Freiheit heißt für mich auch, dass ich unabhängig von Bindungsgefühlen bin. Das bedeutet natürlich nicht, dass ich mich nicht trotzdem verlieben kann oder dass ich meine Kinder und Freunde nicht liebe. Und es ist mir auch klar, dass ich ihnen mit meinen Reisen einiges zumute. Genau deswegen habe ich mit meinen Söhnen die testamentarischen Dinge vor meiner Abreise geregelt. Sie wissen, was zu tun wäre, falls ich nicht zurückkomme. Sie wissen, dass ich sie liebe. Und ich weiß, dass sie mich lieben und im schlimmsten Fall auch loslassen könnten.

Das ist gut so. Nur so kann ich frei reisen. Kann mich dem öffnen, was kommt.

Thurnhosbach

Freitag, 28. Juni

Zum Glück bin ich bald wieder unterwegs. Zuerst noch die Buchmesse, Vorträge und die Kinotour mit dem Film »Über Grenzen« über meine Motorradreise um die halbe Welt. Johannes Meier und Paul Hartmann hatten mich auf meiner Reise vor drei Jahren streckenweise begleitet, ihre Bilder mit meinen GoPro-Aufnahmen kombiniert und daraus tatsächlich einen abendfüllenden Kinofilm gebastelt. Mit diesem Film und meinem gleichnamigen Buch gehen wir deutschlandweit auf Tournee. Meine Geschichte kommt gut an, das merke ich bei den Kinoabenden, das merke ich an den Reaktionen der Leser, die mir schreiben, an Mails und Kommentaren zu meinem Blog. Es freut mich sehr, und jedes einzelne Gespräch mit einem Leser oder einer Zuschauerin erfüllt mich mit Dankbarkeit.

Doch meine Gedanken kreisen bereits um meine nächste Reise mit dem alten Benz Richtung Südostasien. Ich bin nicht ganz sortiert, wie es scheint.

»Sie brauchen einen neuen Reisepass?«, fragt die Dame vom Bürgerservice der Gemeinde Sontra erstaunt, als ich einen neuen Reisepass beantrage.

»Ja, ich plane eine Reise nach Südostasien, mit dem Auto, da wäre das hilfreich ...«

»Das denke ich auch. Mit dem Auto? Nach Südostasien?«

»Warum nicht?«

»Egal. Das müssen Sie wissen. Aber Sie haben vor nicht allzu langer Zeit einen neuen Reisepass bekommen.«

Da fällt es mir wieder ein. Der Reisepass muss noch in meiner Motorradjacke stecken. Ich war im Frühjahr 2019 mit der Ducati, meinem neuen Motorrad, nach Schottland gereist. Da gehörte Großbritannien zwar noch zur EU, aber sicherheitshalber hatte ich den Pass mit dabei. Die Jacke hängt in der Garderobe und wartet auf den nächsten Motorradtrip. Immer noch riecht sie ein bisschen nach dem roten Schneeschlamm auf der Piste am Kyzyl-Art-Pass im Pamir-Gebirge ... und, tatsächlich, in ihrer Innentasche steckt mein Reisepass.

Thurnhosbach

Samstag, 6. Juli

Heute habe ich die restlichen Reiseführer und Landkarten bestellt. Indien, Pakistan und Myanmar fehlten mir noch. Schwierig zu bekommen. Wer braucht schon eine Landkarte für Pakistan? Auf dem Buchmarkt sind eher Reisebeschreibungen zu finden als umfassende, informative Reiseführer. Da werden wohl einige Fragen offenbleiben, etwa bezüglich der Grenzkontrollen oder offenen Grenzübergänge. Den Iran-Reiseführer von meiner letzten großen Reise habe ich noch. In Thailand und Laos kenne ich mich bereits aus und hoffe, dass das reicht. Die Reiseführer sind wichtig. Ich möchte mich im Vorfeld vertraut machen mit dem Land, durch das ich reise. Brauche Informationen über Verhaltensweisen, Visa-Bedingungen, offene Grenzübergänge, Informationen über den Zugang zu Bargeld.

Und nicht nur Sachinformationen sind für mich wesentlich, wenn ich mich auf etwas so Unwägbares einlasse. Alles kann geschehen. Also suche ich nach heilsamen, ermutigenden Worten, schreibe sie in mein Tagebuch und lese sie von Zeit zu Zeit. Mir hilft das, meine innere Packliste, gerade dann, wenn es richtig schwierig wird, unterwegs einen klaren Kopf zu behalten. Und schwierig kann es werden!

Auf meiner inneren Packliste steht zum Beispiel dieses Gebet, nicht nur für unterwegs:

Ich genese. Mein Körper heilt. Ich vertraue. Ich lasse den Dingen ihren Lauf. Ich habe Vertrauen in mich und in das Leben. Ich lege all meine Ängste in die göttliche Energie und bitte sie, für meine Bedürfnisse zu sorgen. Ich ziehe aus jeder Erfahrung so viel wie möglich heraus. Ich habe alles in mir, damit es gelingt. Und mir gelingt alles. Ich habe Vertrauen in meine gegenwärtige Situation, denn Gott, der Geist der Weisheit und Liebe, ist in mir, um mich zu führen und zu unterstützen. Alles wird jetzt gut und göttlich für mich. Ich finde die ideale Lösung für meine Situation.

Und auch für Gehirnjogging ist gesorgt, braucht es doch unterwegs immer mal wieder ganz andere Lösungen als die, die man gewohnt ist.

Thurnhosbach

Sonntag, 6. Oktober

Bald ist es so weit. Diesmal führt mich meine Reise also nach Südostasien. Mit einem alten Benz. Abenteuer pur. Warum nicht mit dem Motorrad? Drei Monate will ich diesmal unterwegs sein. Ende Oktober möchte ich aufbrechen. Das winterliche Wetter in Europa, Schneefälle auf den mehr als 2000 Meter hoch gelegenen Passagen im Iran und in Pakistan machen eine Reise mit dem Motorrad wenig verlockend. Es gibt wie immer noch viel zu tun vor einem solchen Aufbruch. Aber das tut der Lebensfreude, die in mir aufkeimt wie ein Birkenschössling im Frühjahr, keinen Abbruch. Weiß ich doch um diesen zauberhaften Augenblick des Losgehens. Die Welt ist faszinierend schön. Die Menschen sind gut.

Thurnhosbach

Mittwoch, 9. Oktober

Was man so alles »schnell noch« kurz vor einer Abreise erledigen muss:

Reinigungsmittel einkaufen.

Zahnbürsten nicht vergessen.

Alles für die Katzen besorgen.

Eintöpfe für die Söhne kochen, die das Haus versorgen.

Benz-Ersatzteile zusammentragen, Wagenheber, Schraubschlüssel, Kabelbinder ... irgendwo muss das Reserverad hin, in der Aussparung dafür ist der Gastank.

Rechnungen schreiben.

Die Betreuungen an die Ersatzbetreuer übergeben.

Den gesperrten Onlinebanking-Zugang neu einrichten.

Daten sichern.

Bargeld bei der Reise-Bank holen.

Packsysteme prüfen, Zeug nach den Rubriken »Jeden Abend nutzen«, »Im Notfall zu nutzen«, »Für Zollkontrollen schnell einsehbar machen« ordnen.

Den Postnachsendeantrag weiterleiten.

Den Schirm einpacken.

Angehäuftes Material zum Mitnehmen prüfen; was zu viel ist, wieder aussortieren.

Länderinfos sammeln.

Nicht winterfeste Pflanzen reinräumen.

Bei der Reise-Bank in Kassel bestelle ich diesmal nur US-Dollar. Alle anderen Währungen besorge ich mir unterwegs. Die Dollar sind für den Iran, weil ich dort kein Geld am Bankautomaten holen kann. Der Iran ist aufgrund der US-Sanktionen vom internationalen Geldhandel ausgeschlossen.

Ach ja, und dann ist da noch die Sache mit meinem Reisepass. Er liegt inzwischen bei einer Visa-Agentur in Berlin. Alles, was ich in dieser Sache im Moment tun kann:

Warten und hoffen, dass die Visa rechtzeitig vor meiner Abreise ausgestellt werden.

Thurnhosbach

Einen Monat zuvor

Achim ist an Krebs erkrankt. Achim ist mein geliebter großer Bruder. Insgesamt gibt es aus den drei Ehen meiner Eltern elf Geschwister und Halbgeschwister. Ich kenne alle außer einem und mag sie alle in ihrer jeweils besonderen Art. Achim war mir immer besonders nahe, er ist vier Jahre älter als ich.

Seit fünfundsechzig Jahren ist er in meinem Leben. Ich bin so entsetzt. So verwirrt, so traurig. Er hat Lungenkrebs. Dabei raucht er gar nicht. Er ist erst siebzig. Der Krebs hat bereits Metastasen in seinen Knochen gebildet. Ich war schon immer stolz auf diesen besonderen großen Bruder. Achim wusste und konnte immer alles. Er hatte schon in der Jugend Gedanken, die meine Wahrnehmung der Welt veränderten. Und er hat sie mit mir geteilt. Achim ist Diplom-Biologe. Er kümmert sich um die kleinen Lebewesen. Bienen, Insekten, Hummeln. Erforscht ihre Welt, die zunehmend bedroht wird von uns Menschen. Als ob wir ohne sie überleben könnten ...

er hat sich um das Thema gekümmert, lange bevor das Wort
»Bienensterben« in aller Munde war.

Achim wollte seine Erkrankung verheimlichen. Vor allem
vor mir, damit ich meine geplante Reise nicht an den Nagel
hänge. Ich habe es trotzdem erfahren und suchte das Gespräch mit ihm. Wir reden miteinander, wenn etwas ist. Das
war schon immer so.

Nun, da ich es wisse, könne er es auch der ganzen Familie
mitteilen, sagte er nach unserem Gespräch. Das hat er dann
auch getan. So kam es, dass wir öfter zusammensaßen als
üblich. Achim wurde in den Wochen vor meiner Abreise immer schwächer. Dünner. Seine Stimme leiser. Er war nie laut.
Aber nun flüsterte er. Er hatte Schmerzen. Die Behandlungen
änderten seinen Zustand nicht wesentlich, konnten den
Krebs nicht stoppen.

Er wollte, dass ich aufbreche zu dieser Reise. Dass ich nicht
wegen ihm zu Hause bleibe. Er ist stolz auf seine kleine
Schwester.

Thurnhosbach

Montag, 14. Oktober

Freunde und Bekannte, die von meinen Reiseplänen erfahren, haben nicht immer Verständnis für meine Sehnsucht nach dem Abenteuer. Immer wieder muss ich ihre skeptischen Fragen beantworten:

»Wieso mit dem Auto?«

Weil das bequemer ist als mit dem Motorrad, außerdem fahre ich im Herbst los, unterwegs wird es kalt. Und ich fühle mich sicherer im Auto als auf dem Zweirad. Auf meiner Tour durch Zentralasien bin ich mehrmals gestürzt und habe mich verletzt.

»Alleine als Frau?«

Ja, warum nicht? Ich weiß, dass es ungewöhnlich ist, in muslimisch geprägten Ländern wie Iran und Pakistan als Frau allein zu reisen, aber es ist möglich.

»Warum Indien?«

Weil ich da schon immer hinwollte. Und weil in meinem Küchenschrank ein Gewürz steht, das »Farben von Jaipur« heißt. Es duftet nach Ferne und Abenteuer.

»Ist es nicht schwierig, durch Pakistan zu kommen?«

Doch, ist es.

»Ist das nicht gefährlich?«

Doch, stellenweise schon.

»Und was, wenn der Benz unterwegs kaputtgeht?«

Dann muss ich ihn reparieren oder stehen lassen und anders weiterreisen. Na und?

Thurnhosbach

Sonntag, 20. Oktober

Mitternacht ist vorbei.

Der Stress der letzten Wochen auf der Kinotour und bei den Lesungen für mein erstes Buch und die Aufregung der hektischen Reisevorbereitungen sind vorüber. Mir fehlen ein paar ruhige Wochen für eine gute Vorbereitung. Aber wann hat man schon die Zeit, die man zu brauchen glaubt? Bei einem Brand muss auch alles etwas schneller gehen. So kann ich jetzt erleben, dass ich auch in kurzer Zeit mit Packen fertig werden kann. Auch wenn nicht alles perfekt ist.

Einfach machen. Einfach aufbrechen.

Das Pakistan-Visum ist bisher nicht im Reisepass. Ich will ihn mir in die Türkei nachsenden lassen. Die Agentur, die meine Visaanträge in Berlin bearbeitet, sagt, sie könne es noch besorgen ...

So viele gute Wünsche für die Reise! So viele Grüße! Ja, Segnungen.

So schickt mir Angela die Worte: »Mögen Engel, Schutzengel, Sie auf Ihren Wegen begleiten!«

Und Klaudia schreibt: »Gott sei Dank bist Du wieder unterwegs!«

Silvia sagt: »Genieße Deine Reise! Wir freuen uns auf einen weiteren, spannenden Reisebericht von Dir!«

Gesine sendet mir immer mal wieder Worte von Rilke, einem meiner Lieblingsdichter.

Ich freue mich auf den Aufbruch.

Ich bin glücklich.

Von Thurnhosbach nach Linz (Österreich)

Sonntag, 20. Oktober

Die Einführung in die Kameratechnik gestern Abend in meinem Wohnzimmer hat sich hingezogen. Erst spät in der Nacht sind Johannes und Paul, mein Filmteam von »Über Grenzen«, aus Thurnhosbach weggefahren. Wie auch bei der Tour durch Zentralasien, wollen sie mich unterwegs für ein paar Tage besuchen. Filmaufnahmen machen, man weiß ja nie, wozu man die brauchen kann. Johannes und Paul kenne ich aus dem Jungen Theater Eschwege, einer Laientheatergruppe, in der ich mitwirke und auch bei mehreren Stücken Regie geführt habe. Johannes allerdings habe ich zuerst als Pfarrer in Thurnhosbach kennengelernt. Er kam meistens zu spät zum Gottesdienst. Aber die Kirchenbesucher wollten seine merkwürdigen Predigten hören. Also haben sie gewartet, bis er ein bisschen außer Atem auf die Kanzel trat. Er redete einfach drauflos, zumindest schien es so. Ehrlich. Authentisch. Mit vielen Fragezeichen. Das gefiel auch mir gut, und so ging ich öfter als üblich in die Kirche. Schließlich kam er zum Jungen Theater. Wir haben einiges miteinander durchgemacht.

Als Johannes und Paul damals hörten, dass ich mit dem Motorrad nach Zentralasien aufbrechen will, beschlossen sie, die Reise zu dokumentieren und einen Film daraus zu machen.

Im Backstage, kurz vor einer Premiere, wenn sich niemand mehr an den Text zu erinnern scheint und das Lampenfieber pocht, da ist man ehrlich und echt. Beide, Paul und Joh, sind wirklich gute Schauspieler. Joh mit seinen sechsundvierzig Jahren und Paul, der grade mal zweiundzwanzig ist. An Paul gefällt mir vor allem seine Zuverlässigkeit. Wenn er sagt, ich bin da, ist er da. Er ist außerdem ein äußerst begabter Darsteller, der schnell versteht, wie eine Rolle zu füllen ist. Ein guter Beobachter, der nicht viel redet, sondern macht. Und er ist mutig: Bei unserer Reise auf dem Pamir-Highway setzte er sich kurzerhand auf die Honda, als ich verletzt war und nicht mehr weiterfahren konnte, obwohl er überhaupt keine Erfahrung mit Motorrädern hatte.

Dass Joh und Paul sich an meine Fersen heften, seit ich nach meinem Renteneintritt große Reisen unternehme, ist für mich nicht verwunderlich. Beide sind Menschen, die nach neuen Anregungen suchen, die die Welt kennenlernen wollen, die Dreck und Staub und Ungemach nicht daran hindern können, Impressionen zu sammeln. Das macht sie auch zu guten Wegbegleitern. Sie sind hart im Nehmen und meistens unkompliziert. Das ist gut. Denn einfach und sauber geht es selten bei meinen Reisen zu.

Kurz nach neun Uhr heute Morgen standen die beiden wieder in meinem Wohnzimmer. Mit noch mehr Material. Ein Berg Technik. Die Osmo, eine äußerst kompakte Kamera mit einer Drei-Achsen-Stabilisierung, ist noch dazugekommen. Kabel, Ladegeräte, Mikrofon, GoPro, Halterungen. Mehrere

Befestigungsmöglichkeiten für die GoPro hat das Zwei-Mann-Filmteam außen und innen am Benz angebracht.

Erste Einstellung: meine Abfahrt aus dem Dorf. Thurnhosbach. Einer von vierzehn Ortsteilen, die zu Sontra gehören. Nur noch vierundvierzig Einwohner. Eine Kirche. Kein Laden. Die Feuerwehr hat sich mit dem Nachbarort zusammengeschlossen. Eine Bushaltestelle, daneben ein Postkasten für Briefe. Die Herbstsonne scheint. Die Nachbarn stehen auf der Straße, sie kriegen alles mit. Winken mir zu. Vor ein paar Jahren haben sie mich im Ortsbeirat zur Ortsvorsteherin gewählt. Den Job macht jetzt mein Stellvertreter Dieter. Schön, von ihnen verabschiedet zu werden. Eine liebe Nachbarin guckt ebenfalls nach dem Haus, der Post und kümmert sich um die Katzen und Pflanzen, wenn meine Söhne keine Zeit haben.

Nach all den Tagen voller Arbeit, Terminen und Gesprächen in Kinos, Besorgungen in Buchhandlungen und im Supermarkt, nach dem Packen, Zusammenräumen, dem Briefeschreiben und Telefonieren, nach der technischen Einführung in die neue Kamera und in all die Filmtechnik: endlich, der Aufbruch! Es ist bereits Mittag, als ich in den Benz steige, den Zündschlüssel umdrehe und den ersten Gang einlege.

Wir fahren los. Phil, Bee und ich. Mein Sohn und seine thailändische Freundin begleiten mich ein Stück. Bee möchte Europa kennenlernen. Autobahnen. Die österreichische Grenze. Die Alpen. In Linz kommen wir erst mal unter. Ich buche oft von unterwegs aus, online, entlang der Strecke gibt es immer günstige Unterkünfte.

Es ist spät geworden. Am nächsten Tag soll es auf schnellstem Weg bis Dubrovnik weitergehen. Wir wollen den Zeitverlust des späten Aufbruchs wieder reinholen. Das wäre eine Hammerfahrt: 985 Kilometer. Phil und Bee haben nur knapp zwei Wochen Zeit und wollen mich bis in die Türkei begleiten. Wir wollen daher möglichst früh aufbrechen, unterwegs auf einer Autobahnraststätte frühstücken.

Der erste Tag unterwegs! Abends essen wir unsere mitgebrachten Mandarinen, dazu Lebkuchen, trinken meinen Lieblingsrotwein. Den habe ich auch mitgenommen, es gibt selten gute Biorotweine unterwegs. Im Iran muss ich wieder komplett darauf verzichten. Aber wer weiß, vielleicht komme ich gar nicht rein in dieses Land. Ich reise bislang ohne Pass! Zum dritten Mal versucht die Visa-Agentur in Berlin nun schon, das Pakistan-Visum zu bekommen. Während Phil fährt, tippe ich E-Mails in mein Smartphone, um irgendwie die ausstehenden Visa-Probleme zu lösen. Die Agentur verspricht mir, den Reisepass nachzuschicken. Einerseits bin ich froh, dass man fast überall von unterwegs aus kommunizieren kann, andererseits wäre ich froh, alles wäre geregelt und ich könnte einfach in Ruhe reisen.

Es wird spannend. Ich bin aufgebrochen. Bin wieder unterwegs.

Das Abenteuer hat begonnen! Der Zauber des Aufbruchs beginnt zu wirken.

Von Linz nach Zadar (Slowenien)

Montag, 21. Oktober

Frühmorgens stehen wir still am Donauufer. Ich blicke auf den Fluss meiner Kindheit in Tuttlingen. Ich mag Flüsse, aber diesen habe ich besonders ins Herz geschlossen. Als Kinder sind wir während des Frühjahrhochwassers an die Donau gelaufen. Auf einer Arbeitsbrücke über dem Stauwehr beobachtete ich einen Ball. Er war irgendwo ins Wasser gerollt und drehte sich jetzt hilflos im wild rauschenden Strudel hinter dem Wehr. Da wollte ich auf keinen Fall reinfallen. Der erdige Geruch der braunen Wassermassen, das mit hohem Schilf bewachsene Ufer, die kalte Gischt, die bis zu mir hochspritzte, das ist für mich die Donau. Der Fluss ist verknüpft mit Fernweh, denn bei seinem Anblick stellte ich mir vor, welche Länder er durchquert, wie viele Schiffe auf ihm unterwegs sind, bis er viele Tausend Kilometer weiter ins Meer mündet. Der milde Föhn, der über die Alpen bis zu uns an den Rand der Schwäbischen Alb wehte, das wundervolle Licht am Bodensee, die schneebedeckten Berge drüben auf der anderen Seite, die nahe französische Grenze, all dies machte es mir leicht, meine sehnsüchtigen Träume zu nähren.

Bee will Schnee kennenlernen. Doch alles um uns herum ist grün.

»Jetzt bin ich extra den weiten Weg von Thailand nach Europa gekommen, um auch endlich mal Schnee zu sehen, ich möchte so gerne Schnee berühren!«, beklagt sie sich.

Schon oft sind mir Menschen aus Südostasien begegnet, für die Schnee nichts mit Kälte, Nässe und Wind zu tun zu haben scheint, sondern mit Zauber und Sehnsucht. Bee ist vierundzwanzig Jahre jung, bildhübsch und arbeitet wie Phil im Hotelfach. Die beiden können sich eine gemeinsame Zukunft vorstellen. Mit Bee sprechen wir Englisch. Sie will bald nach Europa kommen, um hier zu arbeiten, und lernt deshalb Deutsch.

Kurzerhand hebt Phil das schlanke Mädchen auf seine Schultern und hält es in ein Winterwerbeplakat auf einer Autobahnraststätte.

»Da hast du deinen Schnee!« Für ein winterliches Foto reicht es allemal.

Wir frühstücken am Rande der Autobahn, abends kochen wir Pasta, was sonst. Für alle Fälle habe ich einen kleinen Camping-Gaskocher dabei, Allwetterstreichhölzer und ein Set Campinggeschirr, bestehend aus zwei Töpfen, einer Tasse und Besteck.

Wieder mal gut gegessen. Noch mal die Technik durchgegangen. Jetzt laden alle Geräte. Wir haben es nicht bis nach Dubrovnik geschafft. Zu lange standen wir an meinem Heimatfluss. Ich mag seinen besonderen Geruch. Wir bleiben die Nacht in Zadar und fahren morgen weiter.

Zadar (Kroatien) – Dubrovnik (Kroatien)

Dienstag, 22. Oktober

Jetzt ist es klar: Ich bekomme kein Pakistan-Visum. Das hat mir ein Mitarbeiter der Visa-Agentur per E-Mail mitgeteilt. Doch zum Glück gibt es einen Plan B: Mein Benz reist allein von Iran nach Dubai in den Arabischen Emiraten und weiter übers Meer nach Mumbai in Indien. Na gut, ob und wie genau das ablaufen wird, weiß ich noch nicht. Und Pakistan? Werde ich dieses schwierige und zugleich faszinierende Land doch noch kennenlernen?

Ein gutes Jahr ist vergangen, seit ich in Dubrovnik war und den Schildkröten im Garten von Madame Merkurjus beim Liebesspiel zugehört habe. Das war auf der Rückfahrt meiner Tour mit der Honda durch Zentralasien. In den Bergen Kroatiens sind jetzt die Oliven reif. Was für ein beeindruckendes Land! Nur vier Millionen Einwohner leben hier, doch die zerklüftete Küste und die vielen kleinen Inseln sind unüberschaubar. Die Dinarischen Alpen erheben sich bis zu 1831 Meter hoch über dem Mittelmeer. Wir fahren über eine fast leere, gut ausgebaute Autobahn durch das karge, karstige Hinterland. Trocken ist es hier und ziemlich dünn besiedelt. In Richtung Dubrovnik wird es grüner, ich sehe Olivenhaine, Orangenbäume und immer wieder idyllische Buchten, in denen türkisgrünes, kristallklares Wasser schimmert.

Dubrovnik ist eine erstaunliche, labyrinthisch angelegte Stadt, in der es stellenweise aussieht, als wäre man in einem mittelalterlichen Museum. Außen herum eine mächtige, komplett intakte Stadtmauer, innen ein Gewirr aus Gässchen, Kirchen, Palästen, Souvenirläden und Kneipen. Nur wenige Touristen flanieren über die glatt geschliffenen, glänzenden, hellen Steinplatten der Hauptstraße, Ende Oktober ist die Saison längst vorbei. Ich empfinde das als sehr angenehm, denn zur Hauptsaison soll es hier unerträglich voll sein, die Besucher schieben sich zu Tausenden durch die autofreien Gassen, ähnlich wie in Venedig. Schon bei meinem ersten Aufenthalt hier mochte ich die hübsche Altstadt mit ihren Tavernen, Kunstgalerien und Eisdielen sehr. Die Freak-Bar auf den Mauern der Altstadt, oben in den steilen Klippen mit Blick aufs Meer, finde ich gleich wieder.

In einer Galerie frage ich eine Frau, was sie glücklich mache. Sie antwortet lächelnd: »Ich male.« Und zeigt mir ihre stimmungsvollen Bilder. Es sind bunte Gemälde in zarten Pastellfarben. Ihre Motive: Landschaften wie das Meer und die umliegenden Berge, Tiere, Schiffe, einfach alles, was sie sieht und was ihr gefällt. In der Galerie verkauft sie ihre zarten Aquarelle und die Bilder von anderen Künstlern. Ich hatte sie durch ein kleines, mit Ziergittern verschlossenes Fenster beobachtet. »Kommen Sie ruhig rein!«, lädt sie mich in die Galerie ein. Es ist ein schmales Ladengeschäft, Bilder hängen an den Wänden und sind auf Tischen und in Regalen ausgestellt.

»Das Malen macht Sie also glücklich?«, frage ich die etwa Vierzigjährige.

»Ja, es macht mir große Freude, alles, was ich sehe, in einem selbst gestalteten Bild einzufangen.«

In ihren Bildern ist ein ganz besonderes Leuchten, ähnlich dem, welches ich in ihren Augen sehen kann. Dann betritt ein Touristenpaar die kleine Galerie, und sie wendet sich den Kunden zu. Leise verlasse ich den Laden und lasse dieses stille Leuchten noch ein wenig in mir nachwirken, während ich durch die Gassen von Dubrovnik spaziere.

Mein Sohn Philip, seine Verlobte Bee und ich, wir haben uns einen besonderen Spaß ausgedacht. Versteckspielen in Dubrovnik!

Das Spiel hat folgende Regeln: Eine Person hat zwei Minuten Zeit, sich in den kleinen Gässchen zu verstecken. Die beiden anderen haben vier Minuten Zeit, zu suchen. Nach weiteren zwei Minuten kommen alle an den Ausgangspunkt zurück.

Es ist aussichtslos!

Es gibt so viele Möglichkeiten, sich zu verbergen, in dieser kleinen, alten Stadt am Meer.

Nach einer anstrengenden Fahrt ein schöner Ausgleich. Die Anspannung der letzten Tage vor der Abreise macht sich immer noch bemerkbar, und durch unser albernes Herumtoben in der Altstadt löst sie sich etwas.

Morgen darf Phil sich noch daran versuchen. Vielleicht finden Bee und ich ihn. Er bekommt nur eine Minute zum Verstecken.

Dubrovnik gefällt mir.

Dubrovnik (Kroatien) – Tirana (Albanien) – Bitola (Nordmazedonien)

Mittwoch, 23. Oktober

Kein Netz. Das Guthaben von meinem Handy wurde trotzdem komplett abgebucht. Mist! Wir sind bei der Durchfahrt durch Bosnien-Herzegowina kurz mal raus aus der EU. Da hätte ich den Flugmodus einschalten müssen.

Jetzt geht es an die Planung für meine Etappen durch Griechenland und die Türkei. Mein Reisepass soll mir nachgeschickt werden, schreibt die Agentur. Joh und Paul, das Filmteam will mich bei der Gelegenheit unbedingt mit einem Adapter für das Mikro versorgen. Und diesen irgendwie mit in den Brief für den Reisepass packen ...

Am Morgen noch haben Bee und ich unter erschwerten Versteckbedingungen versucht, Phil in den Altstadtgassen zu finden. Er bekam nur eine Minute Vorsprung. Wir haben ihn nicht gefunden! Schreiend vor Lachen und schwitzend vom Treppauf-und-treppab-Rennen, gaben wir schließlich auf. Die anderen Touristen hielten uns vermutlich für verrückt: Wild schnaufend rennen drei offensichtlich geistig verwirrte Deutsche lachend hintereinander her durch die Altstadt von Dubrovnik.

Ich glaube inzwischen, wenn jemand für immer verschwinden will, macht er das am besten in den Gässchen von Dubrovnik. Unheimlich beinahe. Kein Wunder, dass sie diese Stadt als einen der Drehorte für »Game of Thrones« ausgewählt haben. So eine Kulisse gibt es sonst nur in Fantasy-Romanen.

Bitola (Nordmazedonien) –
Nea Peramos (Griechenland)

Donnerstag, 24. Oktober

Auf den ersten Kilometern bis in die Türkei wechseln wir uns mit dem Fahren ab. Mal sitzt Philip am Steuer, mal ich. Bee hat keinen Führerschein. Wir haben eine besondere Sitzordnung: Die Beifahrer hocken hinten, der Fahrer sitzt alleine vorne, damit wir uns nicht gegenseitig beim Fahren nerven. Das hat mein Sohn so entschieden, und auch ich finde es sehr angenehm, wenn keiner neben mir sitzt, immer an irgendwas nestelt oder gar das Fahren kommentiert.

Am Mittelspiegel hängt mein Glücksbringer: ein Nazar-Amulett aus der Türkei. Es erinnert an ein blaues Auge, baumelt an einer Kette und soll den bösen Blick abhalten. Ich hoffe, es hält auch entgegenkommende Lastwagen von einem Frontalzusammenstoß mit meinem Benz ab. Und verhindert, dass ich mich verfahre, beim Parken den Seitenspiegel abbreche oder Schlimmeres. Ich weiß nicht, ob es an dem Amulett liegt, aber eigentlich bin ich beim Fahren sehr gelassen. Im Auto ist es ruhig, ich konzentriere mich. Selten höre ich mal Musik. Das Brummen des alten Motors ist für mich so entspannend und wohltuend, dass ich keine zusätzliche Berieselung brauche. Der Vierzylinder ist solide gebaut, der dumpfe Sound wirkt beruhigend auf mich. Das Fahrgeräusch klingt in meinen Ohren wie eine Art Meditationsmusik, jede Radiosendung oder CD würde das kaputt machen.

Der Benz fährt noch gut, obwohl er schon so alt ist. Wenn ich wollte, könnte ich 180 Stundenkilometer mit ihm schaffen. Will ich aber nicht, und auf den meisten Straßen geht es sowieso viel langsamer voran. In Kroatien sind wir immerhin mit Tempo 120 unterwegs, mehr ist nicht erlaubt. Das reicht mir ehrlich gesagt auch. Nirgendwo auf der Welt geht es so aggressiv und stressig zu wie auf deutschen Autobahnen mit all den Rasern – das vermisse ich auf meiner Fahrt überhaupt nicht. Dieses ständige Drängeln! Wenn man in Deutschland mal nicht sofort aufs Gas steigt, wenn die Ampel auf Grün schaltet, hupt der Hintermann oder die Hinterfrau umgehend.

Unser Gepäck ist gut verstaut im Kofferraum, neben dem Reserverad. Außer meinem Rucksack und ein paar Taschen ist dort auch mein großer schwarzer Koffer, vollgepackt mit meinen Motorradklamotten für Laos, zusätzlich noch zwei kleine Gepäckstücke von Philip und seiner Freundin. Nach einer ruhigen, ereignislosen Fahrt erreichen wir entspannt die griechische Grenze.

Der Grenzer fragt: »Deutschland?« Als wir bejahen, sagt er lässig: »Go!« Unsere Papiere will er nicht sehen. Ein tolles Gefühl, willkommen zu sein. Trotz Griechenland-Krise. Das Land hat etwa so viele Einwohner wie Baden-Württemberg.

Doch an seinen Geldsorgen wäre beinahe ganz Europa gescheitert Der Zöllner scheint stolz zu sein auf sein Land. Und er ist völlig gelassen. Bloß kein Stress.

Nordmazedonien liegt hinter uns. Ein Land mit einer schwierigen Geschichte. Der Streit um den Namen zwischen Griechenland und der damaligen Republik Mazedonien ist alt. In Griechenland gibt es eine Region namens Makedonien, und nach der Unabhängigkeitserklärung der ehemaligen jugoslawischen Republik Mazedonien im Jahr 1991 befürchteten die Griechen Gebietsansprüche des nördlichen Mazedoniens auf den Süden. Griechenland verhängte gar gegen die ehemalige Sozialistische Teilrepublik Jugoslawiens als Höhepunkt der Auseinandersetzungen ein Embargo. Erst im Januar 2019 wurde eine Lösung im Namensstreit gefunden: Das nördliche Mazedonien nennt sich offiziell Nordmazedonien, der südliche Teil in Griechenland heißt weiter Makedonien. Unglaublich, worüber sich Menschen ernsthaft streiten können, selbst auf internationaler, politischer Ebene. Haben die denn nichts Sinnvolleres zu tun?

Jetzt haben wir die nord- und südmazedonischen Berge problemlos durchquert. Sind wieder am Mittelmeer. Morgen geht's nach Istanbul. Dann liegt Europa bald hinter uns, und der Abschied von Phil und Bee naht.

Neo Peramos (Griechenland) – Istanbul (Türkei)

Freitag, 25. Oktober

Istanbul. Aksaray. Adana. Wir reisen durch die Türkei. Durch Anatolien. Wieder bin ich dort, wo ich in Istanbul am liebsten verweile: an der Beyazit-Moschee oberhalb des großen Basars, wo ich meinen Blick weit schweifen lassen kann über den Bosporus. Bis hinüber nach Asien. Sehnsuchtsort. Dorthin, über die Brücke, wird unsere Reise weitergehen. Phil und ich wechseln uns weiterhin ab beim Fahren. Wer fährt, sitzt alleine vorne. Die beiden anderen ausschließlich hinten. Das hat sich bewährt.

Istanbul ist ein Moloch. Über fünfzehn Millionen Menschen leben hier. Millionen Autos verstopfen die engen Gässchen, die sich steil durch die Altstadt winden. Kaum ein Durchkommen. Parkplätze sind rar, und wir werden immer wieder von genervten Anwohnern rüde weggescheucht. Der Benz kracht über Bodenwellen, die dazu gedacht sind, den Verkehr zu verlangsamen. Dabei kommt man hier eh kaum voran. Ich habe Kopfschmerzen. Nackenschmerzen. Mir ist übel. Außerdem habe ich den Zettel verloren, der nachweist, dass ich die türkische Grenze übertreten habe. Ich werde wahrscheinlich Probleme bekommen bei der Ausreise.

Istanbul

Samstag, 26. Oktober

Heute fahre ich keinen Kilometer, das steht fest. Bereits gestern Abend hatte ich Kreislaufprobleme. Nun geht nichts mehr. Nackenschmerzen, Kopfschmerzen, Übelkeit. Nicht ganz ohne Strapazen, so eine Reise. Also entscheiden wir, nachdem der Kauf der türkischen SIM-Karte und der Vignette für die Autobahnen in der Türkei bei der Post erledigt ist, dass ich ins Appartement zurückgehe und mich ausruhe, während Phil und Bee sich Istanbul ansehen. Auch gut. Nicht gut ist, dass jemand in der engen Gasse den Scheibenwischer vom Benz abgebogen hat – kein großer Schaden, aber unschön. Und mein Zettel für die Einreise in die Türkei ist definitiv unauffindbar. Ich ärgere mich, dass ich ihn verschlampt habe. Eigentlich eine Kleinigkeit, ein Stück Papier mit Namen und Datum, aber in der Bürokratie kommt es ja gerade auf diese Kleinigkeiten an, kein Mensch weiß, warum. Ein Desaster an der Grenze bei der Ausreise aus der Türkei scheint vorprogrammiert ...

Istanbul – Bosporus-Brücke – Axaray (Türkei)

Sonntag, 27. Oktober

Der rechte Rückspiegel baumelt herunter. Ein vorbeifahrendes Auto, vielleicht der angekündigte Müllwagen, hat ihn abgebrochen. Er lässt sich mühsam wieder fixieren. Den Scheibenwischer hatten wir vorsorglich abmontiert. Jetzt schrauben wir ihn wieder dran, und los geht's. Wir fahren über die Brücke, eineinhalb Kilometer lang und sechzig Meter hoch, überspannt sie die Meerenge zwischen Europa und Asien. Laut dröhnt türkische Musik im Radio. Wir befestigen die kleine GoPro-Kamera auf dem Autodach, um diesen besonderen Moment zu filmen: Wir sind in Asien! Ein großartiges Gefühl, es bis hierher geschafft zu haben.

Kaum in Asien angekommen, gleich die erste Panne. Ein vorbeifahrender Autofahrer macht uns darauf aufmerksam, dass unter unserem Auto etwas auf dem Boden schleife. Phil fährt den Benz an eine Böschung neben der Autobahn, sodass die beiden rechten Reifen höher zu stehen kommen und er sich unters Auto legen kann, um zu sehen, was los ist. Die Abdeckung der Servopumpe ist halb abgerissen und hängt herunter. Ebenso die Pumpe, die dahinter befestigt ist. Notdürftig bindet er beides mit einer Schnur an der Achse fest. In Adana, dem nächsten Etappenziel, wollen wir eine Werkstatt suchen, die hoffentlich alles ordentlich reparieren kann. Bis dahin muss es ohne Servopumpe gehen.

Die rumpeligen Istanbuler Gässchen mit ihren Bodenwellen haben dem Benz zugesetzt. Für unsere Fahrt durch Indien muss alles wieder richtig festsitzen, sonst gnade mir Gott ...

Hier in Axaray sind wir in einem nach Zigarettenrauch miefenden Hotel im Außenbezirk untergekommen. Axaray hat 230.000 Einwohner, liegt in Zentralanatolien auf 978 Metern Höhe. Der Name bedeutet »Weißer Palast«. Wir sehen allerdings nur graue Wohnblöcke und ein Industriegebiet mit einem Werk, in dem Mercedes-Benz Lastwagen baut. Unser Hotel wirkt alles andere als palastartig.

Im Bad gibt es kein fließendes Wasser. Phil fragt den Rezeptionisten nach dem Grund. Der entgegnet: »Wieso?« Damit ist sein Interesse für unser Wasserproblem auch schon wieder erloschen. Phil geht wieder ins Zimmer hoch, dreht am Absperrhahn. Nichts außer einem trockenen Röcheln dringt aus den Rohren.

Wir fahren ins Zentrum zum Essen. Als wir ins Hotel zurückkommen, rauscht es im Badezimmer verdächtig. Das Wasser steht zentimeterhoch auf dem Boden. Mühselig kehre ich die Fluten in einen kleinen Abfluss. Wenigstens leuchtet der Boden jetzt in neuem Glanz.

Axaray – Adana (Türkei)

Montag, 28. Oktober

Auf der Autobahn Richtung Adana, einer Millionenstadt ganz im Südosten der Türkei.

Wir wollen ins Golden Lake Hotel, einmal so richtig schön am See logieren. Es ist knapp 18 Grad warm, Regen, Wind und Sonne wechseln sich ab. Vorher aber geht es mit unserem Benz in die Werkstatt. Dort hilft man uns mit Kabelbindern. Sowohl die Servopumpe als auch die Abdeckung kann der Mechaniker wieder fixieren. Und er verlangt nicht einmal etwas dafür. Meine Frage nach den Kosten der Reparatur weist er zurück: »Nein, das bisschen Kabelbinder, dafür müssen Sie mich nicht bezahlen!« Ich stecke ihm trotzdem 50 türkische Lira in die Hosentasche. Das sind 7,50 Euro. Er wolle gerne in Deutschland arbeiten, sagt er, hocherfreut. Solche Leute könnten wir bei uns brauchen. Und wieder mal bestätigt sich eine Grundregel bei Fernreisen: Es geht nichts über Kabelbinder!

Die Poststelle ist zu. Seltsam. Die nächste auch. Phil recherchiert. Heute ist in der Türkei ein halber Feiertag. Morgen ein ganzer. Der Nationalfeiertag, heißt es. Das passt mal wieder.

So wird es dann wahrscheinlich nichts mit der rechtzeitigen Anlieferung meines Reisepasses. Er ist bereits in Istanbul, verrät mir die Sendungsnummer. Aber ob morgen die Post arbeitet, ist mehr als fraglich. Wir wollten auf der Post eigentlich auch die Vignette wieder aufladen, das geht normalerweise, wenn nicht gerade Feiertag ist. Die Lampen an der Mautstelle leuchten orange; das bedeutet, der Betrag auf der Karte reicht nicht mehr aus. Fünfzehn Tage hat man als Nutzer Zeit, sie aufzuladen. Verstreicht diese Frist, bekommt man eine Ordnungsstrafe.

Adana – Karatas am Mittelmeer (Türkei)

Dienstag, 29. Oktober

Kein Pass. Keine Weiterreise. Das war nicht ganz mein Traum, hier in Adana festsitzen und auf die Lieferung meines Reisepasses warten. Seit heute Morgen kann mir das DHL-Tracking nicht mehr sagen, wann der Pass ankommt. Der Visa-Agentur habe ich frühzeitig mitgeteilt, dass sie den Pass nicht nach Istanbul schicken sollen, sondern am besten gleich nach Adana. Dort wollen Phil und Bee ihre Reise beenden und zurückfahren, und ich könnte auf den Pass warten, falls er nicht rechtzeitig da ist.

Heute ist der ganze Feiertag. Der große türkische Nationalfeiertag in Erinnerung an den großartigen Atatürk! Und wer weiß, was morgen ist ...

Ich harre aus. Wir bleiben im Golden Lake Hotel. Es ist angenehm hier. Wir machen jetzt Urlaub, fahren hinaus ans Meer. Wir machen halt im Nationalpark, einer kargen Gegend mit Sand und Schilf.

Immerhin: Direkt am Meer bekommen wir unter Palmen leckeren Salat serviert.

Jetzt packen Phil und Bee. Sie sind heute den letzten Tag mit mir unterwegs. Sie werden früh schlafen gehen. Nachts um vier Uhr geht es los zum Flughafen. Sie reisen zurück nach Deutschland. Ich bleibe hier, in dieser schönen Unterkunft im Süden der Türkei.

Das Golden Lake Hotel ist recht exklusiv, wohlhabende Türken verbringen hier gerne ihren Kurzurlaub. Der Eingang mit seinen Säulen sieht herrschaftlich aus. Es gibt eine große Schar an Hotelangestellten, die einen unentwegt bedienen wollen. Auf dem Dach des Hotels befindet sich eine vollverglaste Terrasse mit Aussicht auf den See und die Berge. Das Frühstück ist herrlich, viel frisches Obst und Gemüse, ein reichhaltiges Büfett und Getränke aller Art, so viel man möchte.

Adana – Flughafen – Adana (Türkei)

Mittwoch, 30. Oktober

Nachdem ich Phil und Bee zum Flughafen gebracht habe, bin ich noch mal ins Bett gekrochen. Später dann das üppige Frühstück im Panoramasaal des Hotels oben unterm Dach. Was für ein Genuss! Mein Zimmer habe ich verlängert, um einen weiteren Tag.

Ich habe immer noch keinen Reisepass.

»The estimated delivery date is currently unavailable. Please try again later.« Der voraussichtliche Liefertermin sei momentan nicht feststellbar, ich solle es bitte später noch mal probieren, heißt es auf der Internetseite. Seit Montagabend erfahre ich über DHL-Tracking nichts anderes mehr. Mehrmals habe ich mittlerweile versucht, die Visa-Agentur in Berlin zu erreichen. Irgendwann ist dann das Guthaben auf meinem Smartphone restlos aufgebraucht.

Nach einigem Suchen finde ich die Aufladefunktion für die SIM-Karte bei Turkcell, ich kann mein Guthaben aufladen. Meine beiden Söhne Imo und Phil und sogar Paul vom Filmteam setze ich jetzt darauf an, zu klären, was los ist. In der DHL-

Servicestelle in Istanbul weiß niemand Genaueres. Ich rufe an, frage per E-Mail. Als ich endlich über Internet-Telefonie durchkomme, versuche ich, mit dem zuständigen Beamten in Istanbul eine Lösung für das Zollproblem herbeizuführen. Ich probiere es immer wieder. Meine Anrufe werden zu einem kafkaesken Ritual.

»Sie haben das Päckchen mit dem Adapter und dem Pass gefunden?«

»Ja.«

»Können Sie mir den Pass schicken?«

»Nein.«

»Warum?«

»Die Papiere für den Adapter fehlen.«

»Und wenn Sie den Adapter einfach wegschmeißen?«

»Das geht nicht!«

»Warum?«

»Weil die Papiere für den Adapter fehlen.«

Und so weiter.

Die finale Antwort am Ende jedes Gesprächs: »*We have to wait. Perhaps a couple of days.*« Na dann, warten wir es ab.

»*Inschallah!*«

Bei einer solchen Aussage geht mir das Messer in der Tasche auf. So etwas kenne ich bereits von meinen anderen Reisen in Richtung Asien. Es steht etwas Unbestimmbares, nicht Konkretes im Raum und versperrt meine Weiterreise. »*Inschallah*« – das bedeutet: hoffentlich, vielleicht und mal sehen ... wenn Allah will. Vielleicht will er aber auch nicht. Und dann kann man halt nichts machen.

An der Rezeption mischt sich ein älterer Hotelangestellter in die Gespräche ein. Ich hatte das Zimmer über Booking.com für einen weiteren Tag gebucht. Das scheint ihm nicht zu gefallen. Er rät mir, zu stornieren. Anschließend könne ich direkt beim Hotel buchen. Ich bekäme dann dasselbe Dreibettzimmer für den Preis für eine Person.

Ich muss unbedingt Alireza in Teheran informieren! Wir hatten vereinbart, dass er mich von dort aus durch den Iran begleitet, um mir den Süden des Landes zu zeigen. Alireza habe ich kennengelernt, als ich 2018 in Teheran nach einem Guide suchte, der Deutsch spricht. Nach Teheran sind es von Adana aus 1845 Kilometer. Dafür habe ich mindestens vier Tage Fahrt eingeplant. Spätestens am nächsten Morgen müsste ich losfahren, um dort rechtzeitig anzukommen ...

Ich warte ... Es ist Abend geworden. Draußen seufzt der Muezzin Richtung Mekka. Hunde bellen heiser in die laue Nacht. Ich trinke türkischen Rotwein und nasche türkische Süßigkeiten. Auch abends ist es noch angenehm warm. Die Türken, die ich treffe, kommen mir rau, aber herzlich vor. Das Essen schmeckt verdammt gut. Langsam beginne ich, das Warten zu genießen. Ich komme an im Unterwegssein.

Adana – Karatas – Adana (Türkei)

Donnerstag, 31. Oktober

Adana. Immer noch.

Ich habe mich ans Meer gerettet. Mir eine Auszeit gegönnt.

Ich brauche einen klaren Kopf bei all dem Reisepass-Stress. Endlich hat der türkische Zoll reagiert. Sie haben mich angerufen. Mir mitgeteilt, dass das Päckchen mit meinem Pass jetzt doch freigegeben wird, ohne den verflixten Adapter. Dieses blöde Ding war also tatsächlich der Grund, warum der Pass nicht weitergeleitet worden ist. Ein technisches Teil ohne Rechnung und Beschreibung. So etwas geht nicht. Hatte ich das Filmteam nicht extra noch gefragt, ob das eine gute Idee ist mit dem Adapter?

Der Zoll will mir meinen Pass ins Golden Lake Hotel schicken. Montag soll er ankommen. Das ist spät, aber immerhin. Ohne Pass kann ich nicht in den Iran einreisen. Wenige Minuten später erreicht mich mein Sohn Imo am Telefon. Er hat im Hintergrund versucht, alles zu regeln. Er erklärt mir allerdings auch, dass die Visa-Agentur ihm mitgeteilt hat, dass mein Iran-Visum am 3. 11. abläuft, also bereits in drei Tagen.

Ich müsse bis dahin in den Iran eingereist sein. Das wird knapp. Die nächste Hiobsbotschaft! Wenn's kommt, dann kommt's richtig. Nachdem der Versuch scheitert, den Zoll zu einem Expressversand des Passes zu bewegen, ist klar: Jetzt ist mein Reisepass zwar bereits unterwegs, aber es heißt wieder: warten.

Meine beiden Söhne Imo und Phil haben es nicht leicht mit ihrer Mutter, denke ich. Immer wieder breche ich zu Abenteuern auf, bei denen ich unterwegs auf ihre Hilfe angewiesen bin. Imo ist achtunddreißig, Phil fünfunddreißig Jahre alt. Imo bleibt konzentriert, wenn Außergewöhnliches passiert, das hilft. Phil macht und tut oft einfach drauflos. Ohne die beiden wäre ich ziemlich aufgeschmissen, manchmal. Aber in der Familie hilft man sich. Ohne lange zu fragen.

Ich fahre ein weiteres Mal raus ans Meer. Dort finde ich eine kleine, schwer zugängliche, einsame Bucht am Steilhang. Frische Luft. Wind. Ruhe. Nur das Rauschen der Wellen. Endlich allein. Ich bleibe den ganzen Tag dort draußen. Sammle Muscheln. Lausche dem Rauschen der Wellen. Abends fahren die kleinen Fischerboote raus aufs Meer. Es ist bereits dunkel, als ich nach Adana zurückkehre.

Ich bin glücklich.

Adana – Stadtgebiet (Türkei)

Freitag, 01. November

Adana. Immer noch. Bis auf den Regen gibt es nichts Neues.

Ein interessierter Leser hat über meine Homepage angefragt, ob er für seine an Krebs erkrankte Mutter einen Online-Link zum Film »Über Grenzen« bekommen könne. Seine Mutter Maria dürfe das Haus nicht mehr verlassen, ihre Immunschwäche lasse dies nicht mehr zu. Joh und Paul sind sofort damit einverstanden, senden ihm den Sichtungslink. Die beiden Blog-Besucher bedanken sich ihrerseits mit einem kleinen Video. Ich denke an meinen lieben großen Bruder Achim. An den Abschied von ihm. Er hat mir versprochen, nicht zu gehen, solange ich unterwegs bin ...

Maria stirbt bald, haben mir ihre Angehörigen geschrieben. Sie nimmt die Erinnerung an mein Buch und den Film »Über Grenzen« mit in diese andere Welt ...

Einkaufen im Großmarkt der Zweimillionenstadt. Schon auf der Straße höre ich den unglaublichen Lärm. Was für ein herrliches Geschreie! Etwa hundert, meist jüngere Händler preisen lautstark ihre Ware an. Schreit der neben ihnen, brüllen sie noch lauter. Sie schreien sich mit ihren Obst- und Gemüsepreisen die Seele aus dem Leib. Den jungen Männern gefällt das. Hier können sie ihre überschüssige Energie rauskatapultieren. Zwischen den Ständen Hunderte von Einkaufenden, die äußerst genau Obst und Gemüse begutachten. Haben sie ihr Kaufinteresse bekundet, wirft ihnen der Händler eine kleine Plastiktüte zu, sie können die Ware selbst aussuchen und einfüllen. Die Waren sind günstig: Für ein Kilo Trauben zahle ich vier Lira, das sind 63 Cent. Die Mandarinen sind gerade reif. Die Plantagen liegen direkt vor der Stadt. Das Kilo kostet 47 Cent. Aromatische Beeren, Kräuter, die ich nicht kenne. Pilze. Knoblauch, scharfe Peperoni. Oliven und Fladenbrot. Hier geht es bereits recht orientalisch zu.

Vorher war ich kurz unten am Golden Lake, dem See, an dem die Türken so gerne picknicken. Eigentlich ein idyllischer Ort, aber das Ufer ist ein einziger Saustall. So viel Müll habe ich zuletzt im Iran gesehen. Die Leute fahren raus in die Natur, essen, schmeißen die Reste in die Gegend, inklusive Verpackung, Plastikgeschirr und Tüten – und fahren wieder nach Hause. Und doch: Ich fühle mich wohl hier.

Adana – Medetsiz Tepe – Adana (Türkei)

Samstag, 02. November

Mein Pass ist noch immer nicht angekommen. Jetzt wird es doch Montag werden, wie vom Zoll angekündigt. Wenn der Pass dann kommt, hängt es davon ab, um welche Uhrzeit er geliefert wird. Wenn es vormittags wäre, könnte ich noch am gleichen Tag losfahren Richtung iranische Grenze ...

Um die Zeit mit etwas Schönem zu überbrücken, fahre ich mit dem Benz in die Berge. Ich will zum Medetsiz Tepe, einem 3524 Meter hohen, schneebedeckten Gipfel im nahen Taurusgebirge. Beim Frühstück im Panoramasaal habe ich ihn in der Ferne entdeckt. Kurzerhand entschließe ich mich, ihm einen Besuch abzustatten. Ganz bis nach oben komme ich allerdings nicht. Ich klettere auf steilen Geröllhängen unter stachligen Büschen und duftenden Bergkiefern bis auf etwa 1400 Meter in das Bergmassiv und habe einen herrlichen Blick auf die höher gelegenen Gipfel.

Rauf war o.k., aber runter ... oh weh! Ich brauche einen Stützstock, muss mich an dornigen Ästen langhangeln und rutsche trotzdem mehrmals aus. Nichtsdestotrotz, schön und heilsam war es am Berg. Ich halte mich eigentlich für einigermaßen fit. Zu Hause tanze ich regelmäßig, gehe ins Fitnessstudio und trainiere die Kampfkunst Wing Tsun. Morgens marschiere ich einmal zügig über den halben Berg hinter meinem Haus, im Sommer barfuß durch die taufeuchten Wiesen. Für unterwegs habe ich Therapiebänder dabei, mit denen ich regelmäßig Übungen mache. Damit kann ich meine Rückenmuskeln dehnen und entspannen, das lange Sitzen am Steuer strengt an. Ich muss aufpassen, dass ich beim Fahren nicht einroste.

Zurück im Hotel, erfahre ich beim Recherchieren im Internet, dass mein Benz ohne mich von Dubai nach Mumbai gelangen müsste, wenn ich nicht durch Pakistan reisen kann und ihn nicht selbst übers Meer nach Indien überführen möchte. Vom Iran nach Dubai gibt es zwar eine Fähre für mich und den Benz, von dort aus geht es für das Auto aber nur auf einem Frachtschiff weiter. Ich selbst müsste fliegen. Krass. Wie viel einfacher war es doch, mit dem Motorrad durch Zentralasien zu reisen. Ein Rucksack, ein Stock zum Bergsteigen. Fertig. Jedes zusätzliche Teil macht die Reise kompliziert und teuer. Ich denke über den Sinn und Zweck meiner Reise nach. Warum tue ich mir das an?

Mein Plan war ja, in Thurnhosbach ins Auto zu steigen und über den Landweg nach Jaipur und weiter nach Thailand und Laos zu fahren. Diese Art zu reisen ist kein Urlaub aus dem Katalog, man ist im echten Leben unterwegs. Man gibt nicht alles an Verantwortung ab, kauft sich ein Rundum-sorglos-Paket und legt sich irgendwo an den Strand. Ich bin hier im wirklichen Leben und kann sogar ein bisschen am Alltag der Leute vor Ort teilnehmen. Ich will nicht einen All-inclusive-Urlaub in Indien machen mit Yoga, Pool und allem Drum und Dran, obwohl das sicher sehr schön wäre. Ich will echten Menschen mit echten Problemen begegnen, will die reale Existenz der Leute in schwierigen Ländern wie Iran, Pakistan und Indien mitbekommen, so gut es möglich ist. Zugleich werde ich auch mit echten Problemen konfrontiert. Damit rechne ich. Schlaglochpisten. Schlammlöcher. Pannen. Zollprobleme. Das gehört einfach dazu. Aber am schlimmsten ist für mich die Bürokratie. Sie macht mich wahnsinnig, diese verfluchte Bürokratie.

Dieses Gefühl, vor einer Barriere zu stehen und nicht durchgelassen zu werden! Nur weil man den entsprechenden Stempel nicht hat, weil irgendein Feiertag ist, weil ein gelangweilter Grenzbeamter keine Lust hat zu arbeiten, weil ihnen meine Nase nicht passt oder ich nicht weiß, wen man mit wie viel Geld bestechen muss. Da ich ohne Visum nicht durch Pakistan reisen kann, wäre der Umweg über den Iran und die Vereinigten Arabischen Emirate per Schiff bis Indien das Naheliegendste. Bei dieser Route käme einiges an Organisation und auch an weiteren Kosten auf mich zu. »Bereust Du es?«, fragt ein Freund per Chat. »Nein! Natürlich nicht!« Aber einfach ist es nicht, alles von unterwegs aus zu organisieren. Vielleicht bin ich doch zu schnell aufgebrochen. Seit fünf Tagen sitze ich jetzt in Adana fest.

Adana – Karatas (Türkei)

Sonntag, 03. November

Heute ist Sonntag. Ausgeschlossen, dass mein Pass heute eintrifft. Trotzdem habe ich es ein bisschen gehofft. Als klar ist, dass nichts mehr passiert, fahre ich wieder raus ans Meer. Bleibe den Tag über dort. Auf dem Rückweg tanke ich den Benz auf. Bis hierher in die Türkei war es immer problemlos möglich, Autogas zu bekommen. Man kann das kleine Symbol an den Hinweisschildern der Tankstellen erkennen, ein blau umrandetes Quadrat mit der Aufschrift LPG. Sicherheitshalber lade ich auch große Mengen an Trinkwasser für mich ins Auto, schließlich will ich bald aufbrechen. Morgen, spätestens übermorgen, Richtung Iran. Auch wenn das Visum dann bereits abgelaufen sein wird. Ich will es versuchen ...

Ich habe per Mail die Auskunft bekommen, dass ein Päckchen aus Istanbul an mich unterwegs sei. Aber wann kommt es an? Die Hotelangestellten, so scheint mir, schauen mich immer misstrauischer an. Eine ältere, allein reisende Frau aus Deutschland mit einem alten Benz, die behauptet, sie wolle in den Iran, durch Pakistan und weiter nach Indien fahren ... ohne Reisepass? Jeden Tag verlängert sie ihren Aufenthalt um einen weiteren Tag. Sehr seltsam. Wenn ich wieder mal an den Tresen der Rezeption trete, erwarten sie mich bereits. Gucken betont desinteressiert. Sie führen die Buchung sehr professionell durch, ich spüre aber, dass sie zunehmend irritiert sind, wenn ich schon wieder an der Rezeption stehe und mein Zimmer verlängere. Möglicherweise halten sie mich für geistig verwirrt.

Und ich muss zugeben, dass es in meinem Kopf tatsächlich etwas chaotisch zugeht. Ich denke über meine weitere Reise nach ... und die Optionen sind zunehmend verwirrend. Wenn es nicht klappt mit der Verschiffung meines Autos von Dubai nach Indien, kann ich nicht ohne Weiteres in den Iran zurück, ich habe nur eine einzige Einreiseerlaubnis. Dann würde ich mit dem Auto in den Arabischen Emiraten festhängen. Wie lange eine solche Verschiffung dauert, ist auch nicht klar. Im Internet sprechen sie von Wochen ... Dann wären meine Indien- und Myanmar-Visa schon längst abgelaufen ...

Ich muss nachdenken, vorausschauend handeln, damit ich nicht irgendwo mit dem Benz stecken bleibe und die Kaution von 5000 Euro für das Carnet de Passage verliere, die ich nur wiederbekomme, wenn ich den Benz zurückbringe ... Das Carnet de Passage ist ein Grenzdokument für die vorübergehende, zollfreie Einfuhr eines Fahrzeugs. In Deutschland beantragt man es beim ADAC in München. Dort hinterlegt man auch die Kaution, die im Falle des Verbleibs eines Fahrzeugs im entsprechenden Land für die Verzollung verausgabt wird. An jeder Grenze wird das Dokument geprüft und abgestempelt.

Notfalls bleibe ich im Iran und reise von dort aus in Länder, in denen ich ohne Visum unterwegs sein oder dieses leichter von unterwegs aus organisieren kann. Zum Beispiel nach Aserbaidschan, Georgien, Kirgisistan, Kasachstan, Albanien, Nordmazedonien ...

Adana (Türkei)

Montag, 04. November

Von neun bis sechzehn Uhr könnte der Reisepass kommen, hieß es. Ich bleibe also in der Nähe des Hotels. Schlendere ein wenig im Park herum und starre in die dunstige Ferne. Mittlerweile bin ich neun Tage in Adana. So schön ist der Ort nicht, aber ich entdecke immer wieder etwas Neues. Im Park befindet sich ein kleiner Zoo mit Hühnern, Vögeln, Schafen, Ziegen und Eseln. An verschiedenen Orten im Park wachsen teilweise unbekannte, blühende Bäume, riesige, meterhohe Kakteen, mehrere Seeanlagen stehen den Ruhe suchenden Menschen zur Erholung zur Verfügung. Am Rande des Parks gibt es ein Restaurant. Hier kann man richtig türkisch tafeln.

Vom Frühstücksraum im obersten Stockwerk des Hotels habe ich einen guten Blick auf die schneebedeckten Gipfel des Taurusgebirges. Man sieht sie im Moment kaum, zart wie Wolken im Morgendunst des warmen Novembertages im Südosten der Türkei schweben sie am Horizont. Über 3500 Meter sind sie hoch. Ich mache eine gedankliche Bergtour, während ich meinen Kaffee trinke, diesmal ohne die »Farben von Jaipur«. Oben muss es ganz ruhig sein. Die Luft klar. Friedlich. Was, wenn ich dort hinaufstiege ... Was, wenn ich den Verlauf dieser Reise nach Südostasien, der sich als recht holprig herausstellt, einfach ändere?

Beim Anblick der Taurusberge im Morgennebel drüben über dem See, überflutet mich ein Gefühl unfassbarer Freiheit.

Ich könnte ... lange im Iran bleiben. Könnte durch Aserbaidschan und Georgien reisen. Den November in der Türkei genießen, von Griechenland nach Italien übersetzen, das leckere Olivenöl Siziliens kosten oder wieder durch Kasachstan und Kirgisistan cruisen, ganz wie es mir gefällt.

Ich könnte mir an einem schönen Fleckchen am Meer ein kleines Appartement mieten und den Winter in der Sonne verbringen. Ich bin unglaublich frei. Und glücklich.

Ich kenne das. Das ist der Grund, warum ich immer wieder aufbrechen muss. Ich könnte irgendwohin ... nirgendwohin ...

Jetzt, wo der Verlauf meiner Reise so unsicher geworden ist, erscheint alles wieder offen. Neue Ziele, neue Impressionen, aufregend und beglückend! Alles scheint möglich!

Meldungen auf der Homepage des pakistanischen Konsulats in Frankfurt nehmen meine Aufmerksamkeit in Anspruch. Ich könne als Deutsche das Visum online nur selbst beantragen. Na toll, da kann ich ja lange warten, es wäre trotzdem umsonst. Warum hat mir die Visa-Agentur in Berlin das nicht gesagt? Warum ließen sie mich in dem Glauben, dass sie das Visum für mich organisieren könnten?

Ich versuche, den Antrag zu bearbeiten, es funktioniert nicht auf meinem Tablet. Der Monitor sei nicht groß genug, blökt das Formular. Ich muss warten, bis Phil in Deutschland wach ist. Er muss mir jetzt helfen, das Visum für mich zu beantragen! Er wird versuchen, mich mithilfe der mageren

Internetverbindung in der wüsten nordhessischen Mittelgebirgswelt zu unterstützen. Die Agentur wirbt immer noch damit, dass sie Pakistan-Visa beschaffen könne. Ha, von wegen!

Fünfzehn Uhr. Das Päckchen ist angekommen! In einem dicken braunen Briefumschlag mit mehreren Aufklebern in deutscher und türkischer Sprache wird mir endlich die langersehnte Sendung durch den diensthabenden Rezeptionisten ausgehändigt. Halleluja! Ich bin glücklich, laufe schnell in mein Hotelzimmer, damit ich das Ereignis ungestört und ausgiebig genießen kann. Ich öffne das Päckchen, es ist ein bisschen wie Weihnachten. Da liegt der Pass, allerdings ohne Pakistan-Visum. Und daneben der Adapter. Warum auch immer. Egal, ich kann endlich weiterfahren! Zunächst in den Iran – obwohl das Iran-Visum inzwischen bereits seit Tagen abgelaufen ist. Mal sehen, ob die mich überhaupt reinlassen. Und ob ich vom Iran aus nach Pakistan einreisen darf, wird sich zeigen.

Zum Aufbrechen ist es heute allerdings schon zu spät. Also bleibe ich noch einen weiteren Tag in Adana. In Sachen An-einem-Ort-Bleiben werde ich langsam zum Profi.

Adana – Gaziantep – Siverek – Diyarbakır (Türkei)

Dienstag, 05. November

Die Fahrt auf der E 90 nahe der syrischen Grenze verläuft völlig unproblematisch. Die E 90 ist eine gut ausgebaute Autobahn, immer mal wieder mehrspurig, guter Asphalt, keine Schlaglöcher, kaum Verkehr. Ich komme schnell voran. Aber ich bin nervös, erstens wegen meiner Visa-Probleme, zweitens wegen der politischen Situation in der Gegend, durch die ich fahre.

Vor etwa drei Wochen ist die Türkei in Syrien einmarschiert. Sie wollen die aufständische Kurdenmiliz YPG bekämpfen. Zuvor war ein Teilrückzug der US-Truppen aus der Region angekündigt worden. Als Reaktion auf den türkischen Einmarsch schickt Präsident Baschar al-Assad eigene Truppen in die umkämpfte Region. Die Menschen aus Nordsyrien flüchten aus den Kriegsgebieten. Von Gaziantep bis zur syrischen Grenze sind es vielleicht 50 Kilometer. Aleppo ist etwa 100 Kilometer entfernt. Ein seltsames Gefühl, so nah an dieser seit Jahren umkämpften Region vorbeizufahren.

Abends werkeln Phil und ich am Online-Visum für Pakistan rum, ganz so einfach ist es offensichtlich doch nicht, wie es auf der Homepage angepriesen wird.

Diyabarkır – Doğubayazıt (Türkei)

Mittwoch, 06. November

Welch ein Traum! Ich kann mich nicht sattsehen an diesem Blau! Der Vansee ist überirdisch schön. Immer weiter möchte ich meinen Blick da hineinversenken. Möchte nicht mehr wegsehen.

Schon der Karakulsee im Pamir mit seinem Türkisblau, an dem ich auf meiner Zentralasien-Tour auf 4200 Metern Höhe vorbeigekommen bin, hatte es mir angetan. Dann die Seen zu Füßen der Wasserfälle im laotischen Dschungel ... Diese Farben gibt es nicht in Deutschland. Das hat eine Tiefe, die mehr ist als nur Farbe. Das hat eine Dimension von Unendlichkeit, es ist ein Tor zu einer anderen Wirklichkeit ...

Der Vansee ist der größte See in der Türkei und der größte Sodasee der Erde. Es ist sehr grün hier, auf den Hügeln rund um den See wachsen Kiefern, Olivenbäume, Obst und Getreide.

Auf dem Grund des Sees fanden Forschungstaucher die Reste einer vermutlich dreitausend Jahre alten Festungsanlage aus dem Urartäischen Reich. Diese Kultur siedelte während der Eisenzeit an den Ufern. Ihr Herrschaftsgebiet umfasste neben der heutigen Türkei auch Armenien und den Iran.

Weiter oben, auf 2644 Metern Höhe, geht die Sonne hinter dem verschneiten Gebirgsmassiv unter. Es wird bald Winter. Schnell sinkt die Temperatur auf null Grad Celsius. Der Benz schiebt sich den Berg hinauf. Über der Bergkuppe wird es Nacht. Ich fahre Richtung iranische Grenze. Im letzten Leuchten der Abendsonne erblicke ich den großen Ararat. Was für ein grandioser Anblick. Wie glücklich ich bin, ihn so schnell wiederzusehen. Auf meiner Rückreise von der Zentralasien-Tour bin ich mit der kleinen Enduro im September 2018 dort vorbeigekommen.

Heute Nacht werde ich mit Blick auf den Ararat übernachten. Ağrı Dağı, so lautet der türkische Name, 5137 Meter hoch, ein ruhender Vulkan in Ostanatolien nahe der Grenze zu Armenien, dem Iran und der aserbaidschanischen Exklave Nachitschewan. Wegen seiner Nähe zu den drei Grenzen braucht man auch eine Sondergenehmigung, um den Berg zu besteigen.

1993 wurden hier deutsche Bergsteiger von der PKK gekidnappt. Seit 2000 darf der Berg wieder bestiegen werden, nachdem er jahrelang gesperrt war. Die Kämpfer der Arbeiterpartei Kurdistans hatten sich in den schwer zugänglichen Schluchten des Ararat verborgen. Die Partei ist sozialistisch ausgerichtet und eine militante Untergrundorganisation. Sie stammt aus den kurdischen Siedlungsgebieten in der Türkei und kämpft in der Türkei und den angrenzenden Ländern für die politische Autonomie kurdisch besiedelter Gebiete. Nachdem sie aus der Region vertrieben wurden, sollen sich heute bis zu dreitausend PKK-Kämpfer in den Bergen Nordiraks versteckt halten.

Doğubayazıt – iranische Grenze – Erzurum (Türkei)

Donnerstag, 07. November

»Auf Wiedersehen, Ararat!«

Unterwegs zur iranischen Grenze verabschiede ich mich herzlich vom biblischen Berg. Werde ich diesen schneebedeckten, geheimnisvollen Riesen im Grenzgebiet Türkei-Iran wirklich noch einmal wiedersehen?

An der Grenze zwischen der Türkei und dem Iran ist nicht viel los. Nur ein paar Reisebusse. Es dauert allerdings, bis sie abgefertigt sind. Ich schalte den Motor aus und warte. Es ist zu warm für ein Tuch auf dem Kopf, aber ich will ja rüber in den Iran, da ist das Kopftuch Pflicht für Frauen. Leute wuseln hin und her, es ist nicht zu erkennen, wer warum wohin rennt. Alle schleppen irgendetwas. Hier an der Grenze mischen sich Türken und Iraner.

Für den Versuch, von der Türkei in den Iran zu gelangen, bezahle ich den obligatorischen Grenzhelfer. 85 türkische Lira und eine Mandarine kostet mich der Spaß. Der Grenzhelfer nimmt voller Eifer meine Papiere – und scheitert schon an der ersten Kontrolle. Schnell ist er zurück bei meinem Auto, mit einem leicht enttäuschten Ausdruck im Gesicht.

»Sie haben kein Visum«, erklärt er mir etwas verwirrt.

»Klar habe ich eins!« Ich zeige ihm den Stempel im Pass.

»Damit stimmt etwas nicht!«

»Das ist ein Visum, und ich will damit in den Iran«, insistiere ich. Wohl wissend, dass das Visum bereits abgelaufen ist.

»Kommen Sie mit.« Er drängt sich mit mir vorbei an Schlangen voller Wartender durch dunkle Gänge bis ins mit Neonlicht unzureichend beleuchtete, verrauchte, kahle Büro des Grenzstellenleiters.

»Sie möchte in den Iran einreisen«, informiert er seinen Vorgesetzten. Der hat augenscheinlich wenig Lust, sich mit Problemfällen zu beschäftigen. Vor mir steht ein richtig fies dreinblickender, etwa fünfzig Jahre alter Grenzbeamter mit Halbglatze. Er schwitzt und raucht und guckt mürrisch. Kurz schaut er auf den Stempel. Dann gibt er dem Grenzhelfer meinen Pass zurück mit dem Wort »Abgelaufen« und wendet sich ab. »Ich habe ein Visum!«, richte ich mich an den fleischigen Rücken. »Nein«, erklärt er, ohne mich anzusehen. »Das Visum ist abgelaufen.« »Es sind nur wenige Tage.« Ich will so schnell nicht aufgeben. »Können Sie es hier nicht verlängern?« »Das ist kein Visum mehr. Es ist abgelaufen.« Er guckt mich an wie ein lästiges Insekt. »Was glauben Sie, was passiert, wenn ich Sie ohne gültiges Visum einreisen lasse? Ich riskiere meinen Job.« Er tut so, als hätte er noch niemals Schmiergeld angenommen.

»Ich muss in den Iran!« Ich schaue ihm ins Gesicht, obwohl er ständig versucht, mir auszuweichen. »*Azzzurrum!*«, knurrt er mit einer qualmenden Kippe, die er sich an der alten angezündet hat, im Mundwinkel. Der Grenzhelfer wendet sich zum Gehen. »Was ist los?«, will ich wissen. Sein Vorgesetzter schreibt ungeduldig ein Wort auf einen Schmierzettel und übergibt diesen mit spitzen Fingern dem Grenzhelfer. Mich schaut er gar nicht mehr an. Hilflos mit den Achseln zuckend, hält mir der Grenzhelfer den Zettel hin und beschwört mich, mit ihm aus dem Büro zu verschwinden: »Arzurum«, flüstert er. Langsam begreife ich. Der Versuch, mit dem abgelaufenen Visum in den Iran einzureisen, ist definitiv gescheitert. Das Visum ist am 2. 11. wegen der Warterei auf den Reisepass abgelaufen. Ich soll deshalb zurückfahren nach Erzurum! Das darf ja wohl nicht wahr sein. »Ich soll mir in Erzurum ein neues Visum besorgen?« Wütend sehe ich den hilflosen Grenzhelfer an. »Ja«, murmelt er. »Dort ist die nächste iranische Botschaft.« Er hat mein Geld und meine Mandarine genommen, und ich stehe hier und komme nicht weiter. »Scheiße!«, bilanziere ich ernüchtert. Erzurum bedeutet mehr als 300 Kilometer Fahrtstrecke zurück in die Türkei ... Und zu allem Elend ist mir die Lesebrille beim Aussteigen aus dem Benz gefallen, ohne dass ich es bemerkt habe. Als ich den Benz an die Seite fahren sollte, damit der Reisebus weiterfahren konnte, bin ich offensichtlich mit meinem eigenen Auto über meine Brille gefahren.

Sie lassen mich also nicht in den Iran einreisen. Und sträuben sich auch noch, als ich wieder in die Türkei zurückfahren muss. Der Grenzhelfer will schließlich auch noch 50 Euro dafür, dass er sich darum kümmert, dass das Tor zurück in die Türkei schneller aufgemacht würde. Ich habe ihn vertröstet. Ich komme wieder.

Und dann komme ich tatsächlich wieder vorbei am Berg Ararat.

Vor ein paar Stunden hatte ich mich von ihm verabschiedet. Ararat, geschichtsträchtig. Geheimnisvoll. Wunderschön. Mythischer Gipfel, auf dem angeblich die Arche Noah parkte. »Da bin ich wieder«, sage ich zum schneebedeckten Riesen. Ich war wütend mit Vollgas von der Grenzstation losgebraust. Mittlerweile habe ich mich etwas beruhigt. Ich wollte Abenteuer. Jetzt habe ich es. Nur irgendwie anders als geplant.

Wild tippe ich Nachrichten ins Smartphone, an die Familie, an Paul. Schreibe eine dringende E-Mail an die Agentur in Berlin. Ich müsse sofort eine Referenznummer für das neue Iran-Visum beantragen, damit ich es erneut anfordern kann.

»Was ist los? Du wolltest doch in den Iran?«, fragt der Berg. »Kein gültiges Visum« erläutere ich, und Ararat versteht. Er habe schon oft Leute zurückkommen sehen. »Es meldet sich keiner. Was soll ich jetzt machen?«, frage ich in Richtung des schneebedeckten Gipfels. »Bleib ruhig. Denk nach«, grummelt es von dort oben. Ich parke den Benz am Straßenrand. Stelle den Motor ab. Steige aus. Plötzlich ist es ganz still. Ich atme durch. Heute ist ein kalter, aber sonniger Tag. Der Berg strahlt in seiner vollen Schönheit zu mir herüber und beruhigt mich.

Ich atme auf. Ich bin frei. Unfassbar frei und glücklich. »Ja. Danke, Ararat!« Erleichtert blicke ich hinüber zum Berg. »Wenn es nicht klappt mit dem Iran, ersteige ich deinen Gipfel!«, rufe ich ihm zu. »Dazu brauchst du aber ein gültiges Permit und einen Guide«, erklärt er mir, »wenn du mich bezwingen willst.«

»Grenzen sind doof!«, rufe ich zu ihm hinüber und füge hinzu: »Ich komme wieder!«

Voller Tatendrang springe ich in den Benz und mache mich auf den Weg nach Erzurum. Vielleicht schaffe ich es, heute noch das Visum zu beantragen, wenn ich rechtzeitig im iranischen Konsulat ankomme ...

An der Straße gibt es viele Polizei- und Militärkontrollen. »Den Pass, bitte!« Kofferraum auf. Und weiter.

Die vierte Kontrolle erwischt mich kalt. Zehn Militärs zerlegen den Benz, reißen alles raus, selbst die Abdeckung an den Seiten des Kofferraums. Keine Ahnung, was sie suchen. Mein Gepäck liegt auf dem verdreckten Platz. Mein Koffer und der Rucksack werden von zwei weiblichen Militärs weggeschleppt. Ich soll folgen. Stehe schließlich in einem mit Planen geschaffenen, schmuddeligen, engen Unterstand. Sämtliche Kleidung wird angefasst, kontrolliert, ich werde abgetastet, für meinen Geschmack macht sich eine der Damen dabei etwas zu lange an meinen Brüsten zu schaffen. Die Militärs kommen in den Unterstand, zeigen mir vorwurfsvoll den Edelstein, den sie in der Mittelkonsolenablage im Benz gefunden haben. Ein schwarz-rot schimmernder Granat mit sechs Zentimetern Durchmesser.

»Was soll das sein?«, fragen sie irritiert. Ich versuche, ihnen zu erklären, dass dieser Stein eine besonders schützende Wirkung auf Reisende hat, er soll die Widerstandskraft und das Durchhaltevermögen seines Besitzers stärken. Ich habe erlebt, dass der Stein in erdrückenden und hoffnungslos erscheinenden Situationen unglaubliche Kräfte freisetzt. Angeblich hilft er auch bei festgefahrenen Gewohnheiten, vermittelt Erfolgserlebnisse und Selbstachtung. Ich brauche diesen Stein, besonders für diese Reise und auch in dieser nervigen Szene mitten in der Kontrolle. Wenn das mal keine »festgefahrene Situation« ist! Jetzt bräuchte ich granatenmäßige Unterstützung, bitte.

Die Militärpolizisten blicken sich verwirrt an. Dann reißen

sie mir das Smartphone aus der Hand, um zu sehen, ob ich von der Kontrolle ein Foto gemacht habe. Das ist verboten. Ein Militär bringt mir Wasser. Es dauert alles fürchterlich lange. Dann kocht er Tee für mich. Wir kommen ins Gespräch. Er zeigt mir Fotos von seinem kleinen Sohn, sagt, dass ihm der Job beim Militär Spaß machen würde.

Nach etwa einer Stunde darf ich wieder zu meinem Benz zurück. Das Gepäck liegt immer noch auf dem dreckigen Boden. Ich räume alles ein, verkneife mir jegliche Beschimpfung und fahre weiter. Es ist klar, heute werde ich nicht mehr rechtzeitig im Konsulat eintreffen. Ich fahre trotzdem hin. Nur, um zu wissen, wo es ist, und suche mir dann in der Nähe eine Unterkunft. So lande ich am Abend im Hotel Saltuk. Vor dem Hotel steht eine fette BMW R 1200 GS Reise-Enduro. Verdreckt. Mit Stuttgarter Kennzeichen. Als ich mit Sack und Pack vor dem Hotelfahrstuhl stehe, geht die Tür auf.

»Ich habe deinen Film gesehen!« Der schlanke, 1,90 Meter große, etwa vierzig Jahre alte Mann, der herauskommt, starrt mich etwas fassungslos an. Steffen ist der Fahrer der BMW, die draußen vor dem Hotel steht. Er ist auf dem Rückweg nach Deutschland. Wir verabreden uns für später und verbringen einen schönen, intensiven Abend im gegenüberliegenden Café.

Steffen arbeitet als Entwicklungsingenieur in der Motorenentwicklung bei Porsche Motorsport. Er verfeinert Rennmotoren. Die Arbeit gefalle ihm, sagt er, aber er will mehr. Immer wieder bricht er mit seinem Motorrad auf. Allein. Sucht das Abenteuer. Jetzt kommt er aus dem Iran.

Als Bundeswehrsoldat war er freiwillig im Kosovo.

»Einmal hatte ich nachts Dienst.« Seine Stimme wirkt rau. »Plötzlich taucht im Dunkeln direkt vor mir ein Mann auf.

Der Mann hat etwas längliches Metallenes in der Hand ...«
Mitten im Satz bricht er ab. Ich merke Steffen an, dass er
dieses Erlebnis noch nicht oft erzählt hat. Eiskalt habe es ihn
durchlaufen, berichtet Steffen.

Er ist Soldat. Seine Pistole ist geladen. Er könnte sie ziehen.
Den Mann erschießen.

Er tut es nicht.

»Der Mann«, setzt Steffen still seine Erzählung fort, »ist
ein einfacher Einbrecher. Er hat nur einen langen Schrauben-
zieher in der Hand.«

Als Steffen das erzählt, weint er.

Der Abend ist bewegend und inspirierend. Lange sitzen
wir zusammen. Erzählen uns, was uns wichtig ist. Am Ende
verabreden wir, auf WhatsApp in Verbindung zu bleiben.

Erzurum (Türkei)

Freitag, 08. November

Am nächsten Morgen treffe ich im Frühstücksraum des Hotels auf Fabian. Steffen hatte am Abend von einem jungen Fahrradfahrer aus der Schweiz gesprochen.

Auch er wohnt im selben Hotel. Was für ein Zufall! Drei Fernreisende unter einem Dach!

Steffen gesellt sich zu uns. Das Frühstück wird lang. Wir drei haben viel zu besprechen. Dann will Steffen los. Fabian und ich verabschieden den coolen Biker auf seiner schönen, dreckigen, vollbepackten BMW-Reise-Enduro. Fabian und ich verabreden uns für später zum Essen.

Fabian ist zweiundzwanzig Jahre jung. Er möchte leben. Sagt er. Sich nicht festlegen. Er ist glücklich, dass seine Freundin auf ihn warten will, während er auf großer Fahrt ist. Ein Jahr möchte der junge Mann unterwegs sein.

Fabian will wie ich auf dem Landweg durch den Iran, durch Pakistan und Indien nach Thailand – alles mit dem Fahrrad! Beim Essen sprechen wir über unsere Lebenserfahrungen. Sprechen übers Reisen. Manchmal verschlägt es uns vor Rührung die Stimme. Etwas verbindet uns, trotz des Altersunterschieds. Das große Glück des Unterwegsseins kennen wir beide. Die Erfahrung der atemberaubenden Freiheit!

Wenn er zurück ist in der Schweiz, will Fabian ein Baumhaus bauen, sagt er. Er träumt davon, im Baum zu leben.

Morgen wird er weiterfahren gen Südostasien. Ich gebe ihm eine von meinen knallgelben Sicherheitswesten, damit er mit seinem Fahrrad besser zu erkennen ist auf der Straße.

In der Schweiz lebt Fabian noch zu Hause bei seinen Eltern. Er träumt und reist und ist glücklich.

Weder Alter noch Geschlecht, weder Herkunft noch Heimatland trennen uns Reisende. Uns verbinden Augenblicke, Begegnungen mit Menschen, grandiose Landschaften und über allem das Glück der großen Freiheit.

Wir bleiben in Verbindung.

Erzurum – Çat-Baraıj-See (Türkei)

Samstag, 09. November

Fabian ist aufgebrochen.

Ich bleibe hier und warte.

Das fällt mir schwer. Die anderen fahren weiter, und ich sitze hier. Mir ist übel heute Morgen. Kopfschmerzen. Diese Warterei ist nichts für mich.

Meine Reise ist bis jetzt nicht richtig in Fluss gekommen. Manche reisen immer so. Ohne Visa, ohne Ziel ... ich brauche einen Plan.

Ich habe mich noch mal ins Bett verkrochen. Ich kann heute eh nichts machen. Es ist schon wieder Wochenende, alles Bürokratische ruht. In meinem Hotelzimmer ist es kalt. Das Wasser in der Dusche wird nur lauwarm. Aber die Jungs an der Rezeption sind nett. Versuchen zu helfen, zu trösten. »*You don't look like sixty-five*«, sagen sie. Na immerhin. Das hilft ein bisschen.

Steffen schickt mir Fotos von seiner Wassersack-Dusche. Er hat an der Strecke gezeltet. Als die Sonne aufgeht, riskiert er trotz der Kälte eine Dusche im Freien. Und weil die Sonnenstrahlen so angenehm warm sind, setzt er sich nackt, wie er ist, in seinen Faltstuhl und lässt sich von der Sonne trocknen. Das schreibt er dazu. Ohne Foto.

Fabian hat Dynamos am Fahrrad befestigt. Damit generiert er Strom. Außerdem hat er noch seinen kleinen Solarkollektor. Zum Handyaufladen reicht es, schreibt er auf WhatsApp.

Steffens Urlaub geht langsam dem Ende entgegen. Er fährt zurück nach Deutschland. Nahe Täbris im Iran soll es ein Erdbeben gegeben haben, schreibt er. Die ganze Region liegt auf einer tektonischen Bruchlinie, einem Gebiet, das immer wieder von Erdbeben erschüttert wird. Es soll Tote und viele Schäden gegeben haben. Ausgerechnet dort will ich noch vorbeifahren.

Auch Fabian ist auf dieser Strecke unterwegs in Richtung Südostasien. Er wird vermutlich vor mir im Erdbebengebiet ankommen. Ich leite ihm die Informationen weiter. Es könnte ein Nachbeben geben.

Jetzt greift sie, die gegenseitige Achtsamkeit der Fernreisenden. Wir informieren uns. Helfen. Achten aufeinander. Wir sind in Verbindung.

Im Hotel hält es mich nicht lange. Ich fahre raus Richtung Südosten zum Çat Barajı, einem See auf über 2000 Metern Höhe zwischen schneebedeckten Gipfeln. Den ganzen Tag verbringe ich dort draußen. Denke nach. Komme zur Ruhe.

Eine vollkommene Reinheit umgibt mich, eine Stille, die nur hin und wieder von einem vorbeifahrenden Lkw und den Stimmen von ein paar Fischern unterbrochen wird. Es ist so ruhig, dass man die Fische im See atmen hört.

Es geht mir gut. Ich bin glücklich und dankbar. Wo auch immer diese Reise mich hinführt, die Welt ist schön, und die Menschen sind gut. Ich sage mir das immer wieder wie ein Mantra vor. Aber ich meine es auch so.

Mir fällt meine Lesebrille wieder ein, die ich an der iranischen Grenze überfahren habe. Obwohl heute Sonntag ist, gelingt es mir am Abend, in Erzurum ein Brillengeschäft ausfindig zu machen. Für rund 30 Euro bekomme ich dort ein neues Gestell und die Reinigung der Gläser dazu.

Morgen müsste, wenn alles gut geht, die Referenznummer eintreffen.

Ich möchte so gerne endlich weiterfahren.

Erzurum – Palandöken Dağı (Türkei)

Sonntag, 10. November

Besteht unser Leben nicht nur aus Warten?

Wer arbeitet, wartet auf den Lohn am Monatsende, auf das Wochenende oder den Urlaub. Kinder und Lehrer*Innen warten auf die Sommerferien. Die Schwangere wartet auf die Geburt. Die Verliebten warten auf die erste gemeinsame Nacht. Ich warte auf mein Iran-Visum. Gibt es zwischen den Wartezeiten auch ein Leben? Heute war ich wieder zu Fuß unterwegs. Zuerst bin ich mit dem Benz hochgefahren auf den über 3000 Meter hohen Palandöken Dağı, südlich von Erzurum. Über einen nicht allzu schneebedeckten, aber recht steilen Nebenhang stieg ich auf. Atmen. Schauen. Meine Füße suchten im losen Schotter den Weg nach oben. Schritt für Schritt. Innehalten ...

Es gibt ein Leben neben dem Warten.

Erzurum – Aziziye (Türkei)

Montag, 11. November

Ich sitze auf heißen Kohlen, möchte nicht mehr abhängig sein von anderen. Mein Versuch, im Internetcafé meinen Account bei der pakistanischen Botschaft zu öffnen, um meinen Visum-Antrag zu bearbeiten, ist gescheitert. Aus irgendeinem Grund meldet der PC jedes Mal nach der Passworteingabe die Information: Falsches Passwort. Nach mehreren Fehlversuchen wird mein Account für eine Stunde gesperrt.

Per WhatsApp frage ich Jonas, einen Fernreisenden, den Steffen unterwegs getroffen hat, ob man mit einem Visa-on-Arrival auf dem Landweg in den Iran einreisen kann. Jonas ist unterwegs mit einem alten Nissan. Er befindet sich auf dem Rückweg nach Deutschland und reist gerade von Pakistan durch den Iran. Auf meine Frage antwortet er, dass er glaube, dass das nicht geht.

Ich versuche also, statt des Visa-on-Arrival ein normales Visum zu bekommen.

Ich schreibe in meinem Blog, wie es mir ergeht. Ein Leser

antwortet: »Warten will gelernt sein. Warten ist eine Frage der Geduld. Warten heißt auch ›Wollen‹.«

Ich checke meine anderen Visa, teils aus Panik, teils als Beschäftigungstherapie. Mein indisches Visum ist gültig bis 13. Oktober 2020. Das sollte genügen. Ich könnte sogar mehrmals einreisen. Mein Visum für Myanmar ist noch gültig bis zum 30. Dezember. Auch das müsste klappen. Ich habe also Zeit. Nichts drängt.

Dann sehe ich plötzlich, dass alles mein Fehler war. Meine Anfrage, die ich per E-Mail an die Visa-Agentur nach Berlin gesandt hatte mit der Bitte, mir schnellstmöglich die Referenznummer zu senden, sie ist im Ausgangsfach meines E-Mail-Ordners hängen geblieben. Sie wurde gar nicht gesendet! Ich rufe in der Agentur an, und man verspricht mir, einen Eilantrag nach Erzurum zu senden.

Alter Schwede!

Innerlich lache ich über mich und meine Ungeduld. Es war meine Schuld. Oder besser, die Schuld des zu löchrigen Internets im iranisch-türkischen Grenzbereich. Diese Zone wird im Iran offensichtlich ein wenig vernachlässigt.

»Ich lasse den Dingen ihren Lauf. Ich habe Vertrauen in mich und das Leben. Ich ziehe aus jeder Erfahrung so viel als möglich heraus. Ich habe Vertrauen in meine gegenwärtige Situation. Alles wird gut.«

(Auszug aus einem Gebet – nicht nur für unterwegs)

Erzurum – Çat Baraıj (Türkei)

Dienstag, 12. November

Ich habe Phil um Hilfe gebeten, meinen Visa-on-Arrival-Antrag in einen regulären Visaantrag umzuwandeln. Er schreibt mir, dass ein neuer nicht möglich ist, solange der erste Antrag auf ein pakistanisches Visum läuft. Es bleibt also beim fragwürdigen Visa-on-Arrival.

Ich suche Rat bei einem alten irischen Reisesegen:

>»Möge Dein Weg Dir freundlich entgegenkommen.
> Möge der Wind Dir den Rücken stärken,
> Möge die Sonne Dein Gesicht erhellen,
> Und der Regen um Dich her die Felder tränken,
> Und bis wir beide, Du und ich, uns wiedersehen,
> Möge Gott Dich schützend in seiner Hand halten ...«

Fabian ist in der Nähe von Doğubayazıt ganz im Osten der Türkei angekommen, erfahre ich über WhatsApp. Unterwegs hat er einiges erlebt. Übergriffige Hirten, vorgehaltene Waffen. Vor seinen Augen ist ein Hund von einem Lkw erfasst und überfahren worden. Er schreibt: »Ich höre das Geräusch des Aufpralls immer und immer wieder ...«

Schließlich landete er am Abend auf einer rauchenden, stinkenden Müllkippe und schlug sein Zelt dort auf, schreibt er. Dass der junge Weltreisende mich ins Vertrauen zieht und mir berichtet, was ihn belastet, ehrt und berührt mich zugleich. Ein Hirte habe ihn an der Straße angehalten, habe sich vor ihm entblößt und eindeutige Gesten gemacht. Fabian ist so jung. Er hat so wenig Erfahrung mit den Menschen.

Ich bete für ihn. Wir werden uns sicher wiedersehen. Wir teilen ja den gleichen Weg.

Als ich an der Rezeption meinen Krankenversicherungsausweis ausdrucken will, erhält der Rezeptionist Zugriff auf die von Google gespeicherten Seiten über mich. Er hat meinen Namen ins Internet eingegeben und all die Infos gesehen, die aktuell über mich im Netz kursieren. Während ich mich auf den Weg zum Çat Baraıj mache, fängt er an, sich die Trailer und Videos der Fernreise mit der Honda nach Zentralasien über mich anzugucken. Ein seltsames Gefühl ... so offen zu sein für mir völlig unbekannte Menschen, meine Anonymität aufgeben zu müssen, weil ich Hilfe brauche. Es ist wie eine unerwartete Berührung. Unwirsch möchte ich sie zurückweisen, dann aber fühlt es sich auf einmal gut an, berührt zu werden, Hilfe zu erhalten. Und so komme ich wieder einmal an im Zauber des Unterwegsseins: Die Menschen sind gut.

Steffen und Jonas sitzen in Edirne in einer Kneipe, trinken Bier und freuen sich. Sie wohlbehalten auf dem Weg zu wissen, macht mich glücklich. Sie schicken mir ein Selfie.

Weniger schön ist, dass die pakistanischen Behörden plötzlich ein Einladungsschreiben verlangen, damit mein Pakistan-Visum weiterbearbeitet werden kann.

Wieder suche ich Rat bei Steffen. Er empfiehlt mir die Chatgruppe »Overland to Asia«, in der sich Leute austauschen, die auf dem Landweg von Europa nach Asien fahren. Dort erfahre ich, wie man in Pakistan jemanden findet, der Einladungsschreiben verschickt, natürlich gegen Bezahlung. Für etwa 70 Dollar könnte ich das notwendige Schreiben bekommen.

Den Überlandreisenden zu begegnen, macht mich glücklich. Wir helfen einander. Stehen uns bei. Geben wichtige Tipps. Wir denken aneinander. Halten uns auf dem Laufenden. Tief im Herzen bin ich mit jedem von ihnen verbunden. Ich hoffe, dass sie gut ankommen, und schreibe in die Gruppe: »Möge ein jeder von euch in Frieden sein Ziel erreichen.«

Erzurum – Doğubayazıt (Türkei)

Mittwoch, 13. November

Die ersehnte E-Mail, sie ist da! Meine Referenznummer ist da! Endlich!

Heute Morgen um 11.45 Uhr erreichte mich die lang erwartete Information. Jetzt kann ich das Iran-Visum beantragen. Ich renne zum Konsulat, das eine Viertelstunde vom Hotel entfernt ist. Es ist kurz nach zwölf Uhr, als ich japsend ankomme. Das Konsulat ist geschlossen. Die Öffnungszeiten: vormittags von 8.30 Uhr bis 11.30 Uhr und nachmittags von 14 Uhr bis 16 Uhr. Na super! Ich warte, bis das kahle Büro wieder öffnet. Fülle die notwendigen Formulare aus. Renne zur Bank, um die Gebühren zu bezahlen. Es ist die falsche Filiale. Ich winke ein Taxi heran, lasse mich zur richtigen Filiale fahren. Zahle die 75 Euro Gebühr für das Visum ein zweites Mal, nehme den Beleg, renne zurück zum Konsulat und schaffe es, vor sechzehn Uhr dort anzukommen.

Erzurum, ein Glücksfall im Unglück. Ich habe Steffen, Fabian und online auch Jonas getroffen, von ihnen wichtige Infos bekommen und tolle Kerle kennengelernt.

Mein Einladungsschreiben bestelle ich bei Hussain Qadir Shah aus Punjab gegen die gewünschten Gebühren. Der Anwalt ist nun mein Beschützer. Er bietet an, mir auf meiner Reise durch Pakistan zur Seite zu stehen, sollte ich irgendwelche Probleme bekommen. Jonas, der grade durch Pakistan gereist ist, sagt: »Pakistan ist sicherer als Hamburg.« Kommt vielleicht drauf an, was man in Hamburg so macht.

Hoffen wir, dass ich mit dem Visa-on-Arrival ins Land komme und Hussains Schutz nicht brauche.

Am späten Nachmittag fahre ich los in Richtung iranische Grenze nach Doğubayazıt.

Endlich geht's weiter.

Auf meinem Weg treffe ich einen alten Bekannten.

»Haha! Da bin ich schon wieder, Ararat!« Sein Gipfel ist schneeweiß und ganz still.

»Du bist schon ein wenig durchgeknallt«, grummelt er mit einem Lächeln in der Stimme.

Wie könnte ich einem biblischen Berg widersprechen? Okay, ich bin vielleicht ein wenig durchgeknallt, aber nicht total verrückt.

»Ich wünsche dir alles, alles Gute auf deiner weiteren Reise, meine Liebe.«

»Eines Tages, du großartiger Berg«, rufe ich zu ihm hinüber, »komme ich wieder. Und dann klettere ich zu deinem Gipfel hinauf!«

»Gern, aber vergiss nicht, nur mit Permit und Guide!«

Ich hoffe inständig, ich sehe den Ararat nicht gleich morgen wieder. Aber das sage ich ihm lieber nicht, sonst wäre er vielleicht beleidigt.

Doğubayazıt (Türkei) – Täbris (Iran)

Donnerstag, 14. November

Grenze geschafft! Ich bin endlich im Iran. Diesmal kann der Grenzhelfer mir für die übliche Gebühr helfen. Wieder sind Busse unterwegs und Reisende, vor allem aus der Türkei, die in den Iran wollen. Die Frauen sind verschleiert, auch ich bedecke meine Haare. Autofahren darf ich hier zwar, trotzdem werde ich von den anderen Reisenden bestaunt. Das liegt aber wohl eher daran, dass ich mit einem Benz mit deutschem Kennzeichen hier durchfahre und weit und breit die einzige europäisch aussehende Reisende bin, und dann auch noch ohne Mann! Ich bin eine Rarität.

Die gesamte Prozedur meines Grenzübertritts zog sich zwei Stunden hin, immer wieder hielten Grenzhelfer die Hand auf. Keine Schilder. Keine Infos. Ein Wirrwarr von aufgeregten Menschen mit ungeheuer vielen Taschen und Säcken und Tüten. Einer hat irgendwas falsch gemacht im Gedränge, da schlägt ihm ein Grenzer mit der flachen Hand hart in den Nacken. Laut höre ich es klatschen. Der Geschlagene sagt keinen Ton. Er zieht den Kopf noch mehr ein und fügt sich mit seinen Koffern wieder in die Menge. Die Grenzhelfer rennen für mich hin und her, lassen die

Papiere stempeln, drängen sich für mich vor. Die Grenz-
beamten bedienen sie bevorzugt, vermutlich müssen die
Helfer das bisschen Geld mit ihnen teilen. Die 20 Euro
Schmiergeld helfen mir dabei, in dem überwiegend von
Männern dominierten Schauspiel schneller voranzukom-
men.

Fabian habe ich nirgendwo unterwegs gesehen. Auch nicht
sein graues Zelt irgendwo am Rande der Piste. Aber er würde
es sicher so aufstellen, dass man es von der Straße aus nicht
wahrnehmen kann. Ob ich ihn wohl wiedersehe?

Entgegen allen Angaben im Internet besitzt das Hotel in
Täbris, in dem ich unterkomme, kein WLAN, auch nicht in
den öffentlichen Bereichen. Bei der App iOverlander, die mir
unterwegs oft hilft, kann ich zwar den grauen Einkaufswagen
sehen, das Zeichen für den Shop, in dem ich als Ausländer
eine iranische SIM-Karte bekommen könnte, aber die Navigation zu dem Laden funktioniert nicht. Die App ist ansonsten ziemlich praktisch, ich finde dort jede Menge Tipps zu
Grenzübergängen, Routen und Unterkünften.

Täbris! Eine labyrinthische Großstadt, die Orientierung
fällt mir schwer. Im Dunkeln bin ich in der Stadt angekommen. Da keine Online-Navigation möglich ist, navigiere ich
mit Maps.me und Karten, die ich glücklicherweise zuvor runtergeladen habe. Maps.me denkt etwas langsamer als Google.
maps. Und so verfahre ich mich immer wieder im Feierabendverkehr der Großstadt. Täbris ist die Hauptstadt Ost-
Aserbaidschans und mit knapp 1,56 Millionen Einwohnern
eines der größten kulturellen Zentren von Aserbaidschan im
Iran. Man muss wissen, dass Aserbaidschan eine Region im
Nordwesten des Irans ist. Diese entspricht – anders als der
gleichnamige kaukasische Staat – dem historischen, aus mit-

telalterlichen Quellen bekannten *Aserbaidschan*, das in der Antike *Atropatene* hieß.

Gerne machen die Iraner aus zwei Fahrbahnstreifen dreieinhalb. Jeder drückt und quetscht sein Auto in die kleinste, sich öffnende Lücke. Natürlich geht es so nicht wirklich schneller. Stattdessen immer wieder Stau.

Täbris – Zandschan (Iran)

Freitag, 15. November

Er heißt Nimah. Ein Geschäftsmann. Pfiffig, erst dreizehn Jahre alt, aber schlau und kompetent.

Der junge Iraner gehört irgendwie zur Tankstelle dazu. Als er zufällig hört, dass ich dringend eine iranische SIM-Karte brauche, zieht er mich ins Tankstellenbüro, greift in die Schublade eines Schreibtischs und holt eine Blanko-SIM-Karte raus, richtet sie ein und lädt sie mit der Bankkarte seines Onkels auf. Er berechnet mir dafür einen akzeptablen Betrag. Ob er mich dabei übers Ohr gehauen hat, ist mir ziemlich egal. Geschäftskompetenz muss sich lohnen! So habe ich, obzwar alle anderen Geschäfte heute am Freitag im Iran geschlossen sind, eine benutzbare Telefonkarte und kann navigieren. Während der Junge Geschäfte macht, sitzt ein Polizist scheinbar gedankenverloren mit am Tisch und lächelt in sich hinein. Nimah wird seinen kleinen Gewinn, den er durch meinen Kauf gemacht hat, wohl oder übel teilen müssen.

Trotz Internet kann ich weder Facebook noch mein E-Mail-Postfach öffnen. Immerhin: WhatsApp läuft, und über Google kann ich Hotelbuchungen vornehmen.

Vor dem Kauf der Telefonkarte haben mich Nimah und ein anderer Familienangehöriger im Benz begleitet, um in einer alten Werkstatt LPG zu tanken. Abenteuerlich! An den Tankstellen im Iran gibt es neben Benzin und Diesel auch CNG (Erdgas), aber ich brauche LPG. In der abgelegenen Werkstatt bin ich, wie so oft, weit und breit die einzige Frau unter Männern und Jungs. Obwohl es Frauen im Iran gestattet ist, Auto zu fahren, würden sie offensichtlich nie zum Tanken in diese alte Werkstatt fahren. Das ist den Männern vorbehalten.

Fabian scheint es bisher nicht gelungen zu sein, an Internet ranzukommen. Er ist dauerhaft offline.

Auch für iOverlander brauche ich Internet, und der Shop mit den speziellen SIM-Karten für Ausländer ist ohne Internet schlecht zu finden. Das wird nicht leicht für Fabian, ohne Internetzugang Unterkünfte zu finden. Und der Stadtverkehr ist im Iran eine echte Herausforderung für den Fahrradreisenden. Ich hoffe sehr, dass ihm nichts passiert ist.

Ich bin inzwischen in Zandschan angekommen, das mit seinen knapp 400.000 Einwohnern auf 1638 Metern Höhe liegt.

Ohne Internet ist alles komplizierter. Weil ich das Datum meines Laptops noch nicht händisch umgestellt hatte, habe ich das Hotel in Zandschan heute mit falschem Datum gebucht. Keine Ahnung, wie das passieren konnte. Die Bestätigungsmail kann ich nicht öffnen, sodass ich keine Umbuchung vornehmen kann. Ich weiß nicht mal, ob der Betrag abgebucht ist oder nicht, weil ich meine Konten nicht öffnen kann ... Irannet statt Internet.

Mit Alireza, unserem Teheraner Guide, war vereinbart, dass er oder ein Ersatz-Guide mich durch den Süden des Irans begleitet. Der geplante Zeitrahmen ist allerdings schon lange verstrichen, durch die Warterei auf den Reisepass und das Iran-Visum hatte der vorgesehene Begleiter inzwischen abgesagt.

Alireza allerdings besteht mit viel Gefühl darauf, dass der mündliche Vertrag eingehalten wird. Der Ersatz-Guide wäre sehr böse, wenn alles storniert werden würde, schreibt Alireza, der selbst keine Zeit hat, weil er zu einer Familienfeier muss. Hmmm ... eigentlich hatte ich ja ihn direkt gebucht und nicht einen Ersatz, und auch nur deshalb, weil das Filmteam im Iran dabei sein wollte. Aufgrund der ganzen Verzögerungen und Ungereimtheiten haben Joh und Paul aber gar keine Flugtickets gebucht für den Iran. Sie werden also nicht kommen. Und ich will schnellstmöglich zur pakistanischen Grenze durchfahren. Aber ich möchte auch niemanden vor den Kopf stoßen und Alireza nicht enttäuschen. Ich bin unsicher, wie ich mit der Situation umgehen soll.

Hussain hat sich inzwischen gemeldet und sich bereit erklärt, ein Einladungsschreiben in meinen pakistanischen Visumsantrag einzuarbeiten, da ich zurzeit selbst nicht ins Internet komme.

So ein Glück, dass ich den Anwalt im Chat kennengelernt habe und jetzt auf seine Hilfe bauen kann!

Zandschan – Ghom (Iran)

Samstag, 16. November

Eine schwierige, anstrengende Etappe. Die Autobahn ist komplett dicht, keine Umleitung eingerichtet. Eine schwarze Rauchwolke steigt auf. Ein Lastwagen hat Feuer gefangen. Einige Autofahrer suchen wild entschlossen querfeldein den Anschluss an die blockierte Straße, ich fahre hinterher. Aber die Autobahn ist beidseitig gesperrt. Der Verkehr steht. Wir müssen uns weiter durch die Pampa kämpfen. Auf derart holprigen Wegen ist der Benz in seinem bisherigen Autoleben noch nie gefahren. Holterdiepolter über den Acker, durch einen Bachlauf und dann zurück auf eine Zufahrtsstraße. Ich bin erstaunt über den alten Wagen: Er steckt alles locker weg! Das wird in Indien hilfreich sein.

Schließlich verfahre ich mich endgültig und lande hinter dem Khomeini-Flughafen bei Teheran auf einer riesigen Baustelle. Ich habe bei Maps.me »Mautstraßen vermeiden« eingegeben, weil ich nirgendwo eine Mautplakette kaufen konnte. Auf der Landstraße zu fahren, hat zudem Vorteile. Man ist näher an Menschen, sieht, wie sie leben, wo sie arbeiten. Die kleineren Orte schauen ärmlich aus. Die Leute hier in der Gegend scheinen nicht wohlhabend zu sein. Es gibt viel Industrie, bewirtschaftete Felder, ich sehe durch die zunehmend staubigen Fenster eigentlich durchgängig Bebauung und viele Bauruinen. Der Nachteil der Landstraßen ist, dass man länger braucht, um anzukommen. Über acht Stunden irre ich auf Nebenstrecken durch den Iran. Unterwegs fängt es an zu regnen, dann sogar zu schneien. Als ich in Ghom ankomme, ist es bereits dunkel. Ich bin fix und fertig.

Das Hotel, das ich gebucht habe, ist nicht zu finden. Maps.me führt mich ohne Ergebnis lustig im Kreis herum. Schließlich parke ich den Benz entnervt irgendwo an einer belebten Straße und suche in einem Hotel Hilfe. Der Empfang telefoniert mit der von mir gebuchten Unterkunft. Die können das Konto nicht online belasten, weil sie kein Internet haben, also sei die Buchung hinfällig, außerdem gebe es sowieso keine freien Zimmer mehr. Das Hotel, in dem ich um Hilfe gebeten habe, bucht jetzt für mich über Telefon in einer nahen Unterkunft ein anderes Zimmer. Dort gebe es sogar einen Parkplatz für meinen Benz, ein Segen in der verkehrsreichen Innenstadt. Ghom, mit seinen 1,2 Millionen Einwohnern, hat zudem eine Vielzahl an Besuchern, die den heiligen Schrein der Fatima Masuma sehen wollen. Die Straßen sind gestopft voll. Das Zimmer ist teurer, aber das ist mir völlig egal. Nach der Höllentour – ich war bei zwölf Grad, Regen und Schnee 467 Kilometer und über acht Stunden unterwegs – zittern mir die Knie. Für heute reicht es mir.

Auch Fabian kommt nicht voran. Zumindest haben wir wieder Kontakt. Er kann WhatsApp-Nachrichten empfangen und senden. Morgen wird er wohl in Täbris ankommen. Er muss auf Landstraßen ausweichen, kann als Fahrradfahrer nicht auf den Autobahnen fahren. Wegen seines Budgets wird er überwiegend zelten und auch bei den aktuellen Minustemperaturen nachts draußen in der Kälte schlafen. Selbst tagsüber ist es selten über zehn Grad. Bis er in Pakistan ankommt, wo es vielleicht langsam wärmer werden wird, ist es noch lange hin.

Während meiner Irrfahrt nahe dem Khomeini-Flughafen bei Teheran sind mir seltsame Gedanken durch den Kopf gespukt. Während ich den Weg aus diesem Baustellenchaos gesucht habe, hörte ich die startenden Flugzeuge über mir in den Himmel donnern. Und ich dachte, dass ich in wenigen Stunden am Fernbahnhof Frankfurt ankommen und zwei Stunden später zu Hause sein könnte. Ich könnte einfach zurückfliegen.

Aber diese wundervolle Freiheit aufgeben? Auch wenn der Druck der Reise mitunter spürbar hart ist? Diese aphrodisierende Unabhängigkeit eintauschen gegen ein sauberes Bett? Dieses wilde Glück, so zu leben, wie ich will? So lebendig zu sein?

Diese Lust an der Resilienz, wenn ich mit den anderen durch den Dreck vor dem brennenden Lastwagen fliehe, nicht im Stau stecken bleibe und dann schließlich freie Fahrt habe?

Niemals würde ich diese Freiheit aufgeben für einen Linienflug zurück nach Hause.

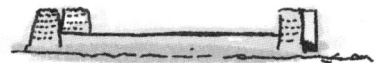

Ghom – Isfahan (Iran)

Sonntag, 17. November

Das Geheimnis ist gelöst. Inzwischen gibt es im ganzen Iran
kein Internet mehr. Alles sei »*disconnected*«, erfahre ich. Die
Leitungen sind unterbrochen. In den Städten gehen die Menschen auf die Straße, weil die Benzinpreise dramatisch gestiegen sind. Wütend schreien die Menschen ihren Unmut
heraus und werden niedergeschossen. Später lese ich, dass im
ganzen Iran mehr als zweihundertfünfzig Menschen auf der
Straße getötet wurden und viele Demonstranten im Gefängnis verschwunden sind. Niemand weiß, für wie lange. Heftige
Auseinandersetzungen scheint es auch in Shiraz gegeben zu
haben, im Süden des Irans.

Deshalb ist alles gesperrt, und ich komme nicht ins Internet. Nicht mit der SIM-Karte, nicht über ein Hotel-WLAN. Mit
Alireza kann ich noch telefonieren, so habe ich von all dem
Unheil erfahren. Selbst Maps.me mit seinen Offline-Karten
scheint gestört zu sein. Ich hoffe, dass ich aus Ghom heraus-
finde und heute noch bis Isfahan komme.

Als ich endlich in meinem Hotel in Isfahan ankomme,

heißt es, ich solle dortbleiben und nicht in die Stadt gehen. Es hört sich nicht an wie eine Bitte, eher wie ein Befehl. Wann das Internet wieder funktioniert, können mir die Hotelangestellten nicht sagen.

Ich versuche also, das Hotel zu genießen, so gut es geht. Erst mal ins Bad! Mein Körper klebt, alles ist staubig von der Fahrt. Als ich frisch geduscht, mit nichts als einem riesengroßen weißen Handtuch bedeckt im Hotelzimmer stehe, höre ich plötzlich Stimmen. Die Tür geht auf. Hereinspaziert kommt der Rezeptionist mit Gästen. Als er mich erblickt, dreht er sich verstört um und verlässt unter tausend Entschuldigungen fluchtartig mein Zimmer. Wenig später klingelt das Telefon. Der Oberrezeptionist entschuldigt sich persönlich für den Irrtum des Kollegen. Der Fehler habe bei ihm gelegen. Er habe das Hotelzimmer als frei deklariert.

Was sagt frau in einem solchen Fall im Iran? »Macht nichts«? Oder vielleicht »Verflucht seiest du Elender unter den Augen Allahs«? Muss ich bestürzt und beschämt wirken, oder darf ich herzlich lachen? Genau das habe ich gemacht, nachdem die Türe sich wieder hinter der Gruppe geschlossen hatte. Solche Situationen finde ich urkomisch.

Isfahan – Karawanserei in der Wüste – Yazd (Iran)

Montag, 18. November

Die Wüsten.

Hätte ich es wissen können, bevor ich sie kennenlernte? Dass ich sie so sehr lieben würde, diese leeren Landschaften?

Ich habe sie gefunden wie einen kostbaren Diamanten unter einem Haufen Steine. Und inmitten der Wüsten diese geheimen Orte voller Geschichten aus Tausendundeiner Nacht.

Der Ort an der Straße nach Yazd, eine sehr alte, halb verfallene Wohn- und Gebetsanlage, mit Türmen, Treppen, kleinen Erkern, Moscheen, Badehäuschen, Springbrunnen in ehemals zauberhaften Innenhöfen, gibt mir Rätsel auf. Er liegt weitab von jeder anderen Siedlung oder von Flüssen oder Seen. Umgeben von einer hohen Mauer weisen Wachtürme jeden feindseligen Eindringling ab. Die Anlage kann ich von der Straße aus im Dunst erkennen. Ich muss den Benz abstellen, es führt kein Weg dorthin. So wandere ich zu Fuß mehr als eine halbe Stunde in die Wüste hinein.

Das Gehen im losen Sand und über Gestein, zwischen struppigen, kleinen Sträuchern ist angenehm. Langsam verklingt das Rauschen der vorbeifahrenden Autos und Lastwagen. Stille umgibt mich. Ein warmer Wind streicht über die Wüste. Je weiter ich wandere, desto entfernter erscheinen die Umrisse der Karawanserei. Langsam komme ich näher. Ich atme durch, bücke mich unter einem halb zerfallenen Torbogen und trete ein. Eine vier Meter hohe Mauer umgibt die gesamte Anlage. Sie ist in mehrere Bereiche aufgeteilt. Die Wohn- und Gebetsräume sind am Rand untergebracht, die Innenhöfe waren einmal schön gestaltet mit Springbrunnen und Gärten. Einige Gebäude enthalten Badebassins, bis zu zwei Metern Tiefe, Wasser ist nicht mehr darin. Um die Bassins herum sind steinerne Bänke zu erkennen. Treppen führen hinauf zu den Schutzmauern und Wachtürmen. Die Stufen sind meist steil und eingefallen. Als ich um eine Mauerecke biege, sehe ich plötzlich ein altes, verbeultes Auto, höre Männerstimmen. Sofort verberge ich mich hinter einer Wölbung in der Mauer, ich möchte den Männern nicht begegnen. Ich weiß nicht, was sie in diesen Gebäuden machen; es sieht nicht so aus, als hätten sie einen offiziellen Auftrag. Die beiden Männer haben mich nicht gesehen, laden etwas in ihr Auto und fahren durch den Wüstensand weg.

Jetzt, ganz allein in der alten Karawanserei, erforsche ich in Ruhe diesen Ort aus längst vergangenen Zeiten. Möglicherweise stehen die Gebäude seit dem 18. Jahrhundert hier. Sie dienten wohl einmal Reisenden und Handelskarawanen als sichere und erquickende Unterkunft. Nahe bei der Anlage finde ich eine kleine Oase, Palmen wachsen dort in einem mit hohen Lehmmauern befriedeten Garten. Es muss hier also immer noch Wasser geben. Eine unfassbare Stille umgibt den ganzen Ort. Ein feines Säuseln liegt in der Luft, der Wind streift durch die leeren Gebäude ...

Ich kann sie zuerst hören und dann sehen. Sie baden in den Bassins. Schlanke, schöne Frauen mit langen schwarzen Haaren und dunklen Augen. Ihre Kinder spielen mit jungen Hunden in den blühenden, duftenden Gärten unter den Springbrunnen der Innenhöfe. Zu zweit oder zu dritt schreiten Frauen und Männer scherzend und lachend durch die hohen, mit Bögen gestützten Wandelgänge. Früchte werden gereicht. Den Reisenden Wasser für den Durst. In den Moscheen höre ich die Gesänge der Betenden ... so stelle ich mir das zumindest vor.

Hier lebten vor vielen Jahren Menschen, haben gefeiert und getrauert. Die Geschichte öffnet ihre Pforten, lässt meinen Blick zurück in die Vergangenheit schweifen, ich höre fröhliche Klänge. Doch einer Fata Morgana gleich verschwindet langsam das belebte Treiben ... es ist nur der Wind, der über die Mauern weht.

Als ich am Abend in Yazd ankomme, ist es vorbei mit dem Zauber. Die Situation in diesem Land ist schwierig, besonders wenn man keine Verbindung zur Außenwelt hat wie im Moment. Der vierte Tag ohne Internet.

Ich kann weder herausfinden, ob Hussain mein Geld für das Einladungsschreiben, das ich überwiesen habe, bekommen hat, noch kann ich sehen, ob das pakistanische Konsulat mein Visum weiterbearbeitet. Offensichtlich legt die iranische Regierung nach und nach das gesamte Internet lahm, Stadt für Stadt. Zunächst konnte ich noch über Facebook Messenger kommunizieren. Auch SMS konnte ich noch versenden. Jetzt geht endgültig nichts mehr. Alles tot. Hier in Yazd wie überall im Iran. Es trifft jeden, die Touristen, die Demonstranten, die Geschäftsleute. Hoteliers und Gastwirte sind verhalten wütend. Sie können keine Online-Buchungen mehr verwalten.

Während ich im Restaurant auf der Terrasse sitze und zu Abend esse, dröhnt coole, rockige Musik aus den Boxen. Als ein Trupp Soldaten lautstark durch die Stadt marschiert, ist kurz Stille. Dann erklingen klassische iranische Gebetsgesänge aus den Lautsprechern. Die Menschen sind mit ihrem Regime nicht einverstanden, scheint mir. Sie hoffen inbrünstig auf Veränderung. Der Rezeptionist im Hotel in Isfahan spricht gar von einer »Revolution«. Aber auf die Straße gehen die wenigsten. Ich vermute, alle anderen haben Angst. Und das zu Recht. Wer als Widerständler im Iran von den iranischen Ordnungskräften gefangen genommen wird, ist so gut wie tot.

Ich bin in der Altstadt von Yazd gelandet. Alte, sorgsam renovierte, einstöckige Lehmgebäude umgeben mich. Gewölbte Lehmdächer, Bögen und Erker – beinahe sieht es hier so aus wie in der halb verfallenen Karawanserei, die ich heute Nachmittag in der Wüste entdeckt habe. Nur dass hier Menschen leben, Touristen untergebracht werden und belebte Restaurants an allen Ecken zu finden sind. Meinen Benz musste ich vor den Stadttoren stehen lassen. Beim Versuch, bis an die Unterkunft zu fahren, wo ein Parkplatz ausgeschildert ist, bin ich mit Maps.me gescheitert. Beinahe wäre ich in einer Sackgasse stecken geblieben. Nur mit Müh und Not und viel Gekurbel konnte ich mich aus den engen Gässchen wieder befreien. Am Abend besichtige ich zu Fuß den Iwan, eine Audienzhalle, am Eingang der Jame-Moschee. Sie ist völlig in blaues Licht getaucht. Die Mosaiken und Fliesen der großen Versammlungsmoschee leuchten bezaubernd durch die iranische Nacht.

Yazd – Kerman (Iran)

Dienstag, 19. November

Noch ist es weit bis Zahedan, dem Ort an der Grenze zu Pakistan. Ich würde über Kerman und Bam reisen und könnte in drei Tagen dort eintreffen, könnte die Grenze nach Pakistan überschreiten, wenn … Ja, wenn ich Internet hätte. Wenn ich ein Visum hätte. Aber so ohne jegliche Anbindung ans Netz weiß ich nicht einmal, ob ich überhaupt noch auf die Erteilung eines Visums hoffen kann. Ich werde trotzdem immer weiter gen Osten reisen. Zurück kann ich immer noch.

Diese Reise ist seltsam. Immer wieder spült sie mich an Ränder, lässt mich auf irgendetwas warten. Zuerst auf den Reisepass in Adana. In Erzurum auf die Referenznummer für das Iran-Visum. Jetzt fahre ich zwar weiter, warte aber darauf, dass es wieder Internet gibt, damit ich klären kann, wie es mit meinem Pakistan-Visum ausschaut.

Es seien einige andere ausländische Reisende im Hotel, teilt mir der Rezeptionist im Hotel in Kerman mit. Aber auch hier, sagt er, gebe es kein Internet. Aus dem Fenster meines überheizten, drei Millionen Rial teuren Zimmers, das sind etwa 64 Euro, sehe ich auf dem Hotelparkplatz drei Wohnmobile, alle mit Solaranlagen auf dem Dach ausgestattet. Die gehören sicher den anderen Reisenden. Ich treffe sie im Foyer des Hotels: ein jüngeres Pärchen aus den neuen Bundesländern. Sie bereisen zum ersten Mal den Iran, schlafen in ihrem Auto und sind voller Neugier und recht aufgeregt. Auch sie haben Probleme mit dem abgeschalteten Internet. Im zweiten Wohnmobil reist ein älteres Ehepaar, sie logieren diese Nacht im Hotel. Mit ihnen zusammen im dritten Wohnmobil fahren ihr Sohn und dessen Frau. Das Hotel bietet Wohnmobilisten an, auf dem Parkplatz am Hotel zu übernachten. Etwas seltsam mutet es ihnen allen an, dass eine Frau mit einem alten Benz allein durch die Welt gondelt. Was ist daran so seltsam? Man könnte sich genauso gut fragen, was drei Wohnmobile aus Deutschland im Iran zu suchen haben. Unsere Gespräche dümpeln dahin, warm werden wir nicht miteinander.

Auf der Fahrt von Yazd bis Kerman nichts als Wüste, Industrieanlagen, schroffe Berge. Beim Losfahren in Yazd heute Morgen waren es noch 10 Grad, nun zeigt das Thermometer des Autos 18 Grad an. Ich fahre Richtung Südosten, da wird es offensichtlich wärmer.

Wild entschlossen organisiere ich mir einen Guide, der mit meinem Benz und mir in die Dasht-e-Lut-Wüste fahren wird. Diese Wüste soll zu den großartigsten und heißesten Orten der Welt zählen. Ich werde dort übernachten und schließlich am Donnerstag zurück nach Kerman kommen. Ich bin furchtbar aufgeregt!

Kerman – Dasht-e-Lut-Wüste – Shahadad (Iran)

Mittwoch, 20. November

Alles löst sich auf. Ich habe das Gefühl, auf dieser Reise völlig durchleuchtet zu werden. Die Behörden wissen sowieso, wo ich bin, aber dass mein Smartphone und meine E-Mails im Iran und Pakistan praktisch ein offenes Buch sind, ist schon gewöhnungsbedürftig. Dass man als ausländischer Tourist überwacht wird in solchen Ländern, habe ich gehört, aber müssen sie es so offen tun? So verstörend?

Ein Pakistani hat Zugang zu meinen E-Mails. Iraner recherchieren auf meinem Handy und gucken sich meine Telefonlisten im Tagebuch an. Nimah, der Geschäftsmann, blätterte, während er die SIM-Karte einrichtete, lustig in den Fotos in meiner Galerie herum. Mit meinem Smartphone waren auch die Militärs zugange, die rausfinden wollten, ob ich während der Kontrolle vom Polizeiposten an der Straße Fotos gemacht habe.

Im Hotel lädt der Rezeptionist das Guthaben auf meiner SIM-Karte auf, damit ich endlich Hussain erreichen kann. Er ruft zurück, und ich kann ihm mitteilen, in welcher Situation ich feststecke. Damit er mir helfen kann, gebe ich ihm das Zugangspasswort für meine GMX-E-Mails. Datenschutz ist einfach so was von *old school*.

Meine Schuhe und Hosenbeine sind voller Schlamm.

An den Ufern des grünen Sees am heißesten Ort der Welt mit bis zu 70 Grad Bodentemperatur bin ich durch eine Salzkruste eingesunken. Achmed, mein Guide, hat mich gewarnt. Er ist Mitte dreißig und führt immer wieder Reisende in die Dasht-e Lut. Die Ufer der Salzseen sind instabil, und mitunter bricht man knietief ein. Das Wasser der Seen, die sich in den Wintermonaten aus Regenwasser speisen, ist grün. Von einem Grün, wie ich es noch nie gesehen habe. Umgeben von Türmen und Burgen und Dünen aus feinem Sand erstrecken sich die Seen mitten hinein in die ansonsten trockene Wüste. Sie gilt als eine der schönsten Wüsten der Welt und zählt zum UNESCO-Weltkulturerbe. Meine erste richtige Wüste, ich bin verzaubert. Tagsüber hat es hier momentan 22 Grad, nachts sinken die Temperaturen auf 7 Grad, das ist vergleichsweise kühl für diesen extremen Ort.

Ich hätte hier eigentlich mit gar nichts gerechnet außer mit flimmernder Hitze, glühend heißem Sand und Steinen. Aber was ist das? Mitten in dieser Einöde glaube ich, einen deutschen Freizeitradler am Horizont zu erkennen. Ich habe schon viel von Fata Morganas gehört, aber dass sie so realistisch sind, hätte ich mir im Traum nicht ausdenken können. Die Fata Morgana ist ausgestattet mit den typischen wasser- und staubdichten Satteltaschen, den typischen Outdoor-Klamotten und den typischen Outdoor-Schuhen, die deutsche Freizeitradler gerne tragen. Schuhe und Hosenbeine sind mit Salz überkrustet. Als die Luftspiegelung näher kommt, entpuppt sich die Fata Morgana eines deutschen Freizeitradlers erstaunlicherweise als deutscher Freizeitradler. »Hallo, ich bin Sebastian aus Halle«, sagt die vermeintliche Luftspiegelung. Ich bin ziemlich sicher, dass ich nicht halluziniere, denn Luftspiegelungen reden gewöhnlich wohl kaum mit einem sächsischen Akzent.

Alle Packtaschen, ja, das komplette Fahrrad und der ganze Mann sind mit grauem Schlamm überkrustet. Versehentlich ist Sebastian über eine Sandkruste gefahren in der Annahme, dass dies stabiler Sand sei, und dabei tief eingebrochen. Er schläft nachts draußen im Zelt, sagt er. Es sei windig, aber nicht sehr kalt. Die Luft sei mild. Er lacht, und seine weißen Zähne strahlen in seinem mit grauem Sand überzogenen Gesicht. Wie oft, wenn sich Fernreisende begegnen, tauschen wir uns schnell und direkt aus. Erzählen kurz unsere Geschichte, geben uns Tipps, wünschen uns für die weitere Reise viel Glück, umarmen uns und lassen uns weiterziehen. Vor Fahrrad fahrenden Fernreisenden wie Sebastian, Fabian auf dieser Reise, Flo in Zentralasien und vielen anderen, denen ich begegnet bin, habe ich großen Respekt. Was sie leisten und bewältigen ist unfassbar! Und sie geben einfach nicht auf.

Achmed, mein Guide, ist glücklich, als er den Benz persönlich in die Wüste hineinmanövrieren darf. Auch mir ist es so lieber, denn ich sehe weder Steg noch Weg. Ohne Zögern gibt er Gas und fährt mitten hinein in die Sanddünen, die zu geheimnisvollen Burgen und Schlössern aus Sand verzaubert sind. Er mag den Benz und meint, der Wagen sei trotz seines Alters besser als viele der neuen Autos, die man im Iran kaufen könne. Achmed ist vierunddreißig Jahre, sieht aber weit jünger aus, ist einen halben Kopf größer als ich und etwas dicklich. Er arbeitet seit einigen Jahren als Guide und kennt sich gut aus in der Gegend.

Wir steigen aus und laufen miteinander hinein in die Wüste, setzen uns schließlich auf eine Sanddüne und schweigen. Um uns herum türmen sich hohe rötlich gelbe Sandberge mit Zacken und Kronen, es sieht aus, als wären wir in einer Märchenwelt gelandet. Leise rieselt Sand, durch unsere Schritte aufgewühlt, nach unten. Kein Laut ist zu hören, nichts bewegt sich. Die andere Welt außerhalb der Dasht-e-Lut ist verschwunden. Autos, Märkte, Visa-Probleme – alles in Luft aufgelöst, oder besser gesagt: irgendwo versandet. Die Zeit scheint stillzustehen. Ob es eine der schönsten Wüsten der Welt ist, kann ich nicht sagen, denn ich kenne die anderen berühmten Wüsten nicht. Aber was ich sehe, ist so überwältigend und berührend schön, dass ich für die vollkommene Stille, die sich um uns und den Sand ausbreitet, dankbar bin.

Als es dunkel wird, mahnt Achmed zum Aufbruch. Schnell bricht die Nacht über der Wüste herein. Mühselig sucht der Guide im fahlen Licht der Scheinwerfer den Weg hinaus aus dem Nichts. Wer in die Wüste hineinreisen möchte, sollte sich beim örtlichen Polizeiamt melden. Die beginnen mit der Suche, wenn man nach drei Tagen nicht zurückkommt. »Man kann verloren gehen ...«, sagt Achmed leise in die Nacht hinein, »es sind einige nicht mehr zurückgekommen ...«

Als wir auf einer für mich kaum erkennbaren holprigen Piste endlich wieder die Straße erreichen, ist es stockdunkel geworden. Wir übernachten bei Sakira und ihrer gastfreundlichen Familie in der Eco Lodge in Shahdad, einem kleinen Ort am Rande der Wüste. Es ist alles sehr rustikal, aber entspannt und freundlich. Die kleinen Häuschen sind aus Lehm und Stroh gebaut und liebevoll eingerichtet. Mit uns übernachtet dort auch Louis, ein portugiesischer Fernreisender. Natürlich gibt es auch hier kein Internet. Dafür Dorfjugendliche, die alles andere hören als religiöse Gesänge ... aus ihren Boxen donnert westliche Popmusik.

Beim Abendessen tauschen Louis und ich uns aus. Er erzählt: »Bei den Demonstrationen in den Städten, vor allem in Shiraz, hat es schwere Auseinandersetzungen und viele Tote auch unter den Polizisten gegeben.« Louis war in Shiraz, ist trotz der Warnungen auf die Straße gegangen. »Das Internet wurde sukzessive abgeschaltet«, resümiert er weiter, »um den Widerständlern die Möglichkeit der Kommunikation zu nehmen.«

Grund für die Aufstände sei die Erhöhung der Benzinpreise gewesen. Unser Guide ergänzt: »Meine Familie und andere weniger finanzstarke Bevölkerungsschichten erhalten eine einmalige Geldleistung, um die Erhöhung der Preise um zwei Drittel abzufedern.« Und auch, um die Menschen ruhig zu halten, vermute ich.

Im Iran ist das Benzin zwar im Vergleich zu anderen Ländern durch enorme staatliche Subventionen recht günstig. Der neue Preis beträgt umgerechnet 32 Cent pro Liter. Allerdings leidet die Mehrheit der iranischen Bevölkerung bereits stark unter dem Druck der US-Sanktionen. Das Durchschnittseinkommen eines Haushalts in Teheran beträgt knapp 600 Euro, auf dem Land ist es deutlich weniger. Miete, Grundnahrungsmittel, Kleidung, alles ist kaum mehr zu bezahlen. Der Lohn eines Arbeiters wird von der Miete für die Wohnung aufgebraucht.

»Jetzt, da die Demonstrationen brutal niedergeschlagen und viele Menschen in Gefängnissen gelandet sind, dürfte das Internet bald wieder für alle zur Verfügung gestellt werden.« Louis, ein Veterinär auf Weltreise, ist seit beinahe einem Jahr nicht mehr zu Hause gewesen. Er erzählt mir, was er als Augenzeuge bei den Demonstrationen erlebt hat. Er hat gesehen, wie Aufständische ein Bankgebäude in Brand gesetzt haben und wie Polizei und Militär gegen sie vorgingen.

Shahdad – Kerman – Bam (Iran)

Donnerstag, 21. November

Durch Regen und Schneematsch bei nur noch sieben Grad sind wir am Morgen wieder nach Kerman zurückgefahren, über eine mehr als 2000 Meter hohe Passstraße, die die Wüste von den besiedelten Gegenden trennt. Zum Glück hat mein Benz Winterreifen drauf, das ginge sonst mit seinem Heckantrieb schief, Schnee am steilen Pass. Aber wir kommen gut durch. Meine Frage, ob es im Notfall eine andere Strecke aus der Wüste hinausgebe, verneint der Guide. Louis, der mitgekommen ist, will erst mal in Kerman bleiben, ich setze ihn in der Nähe des Basars ab. Kurz danach verabschiede ich mich auch von meinem etwas phlegmatischen Guide Achmed. Ihm sei es entschieden zu kalt, sagt Achmed fröstelnd und meint grinsend: »Bei so viel Kälte geht bei mir nichts mehr.« Er fügt ernster hinzu: »Ich träume davon, nach Deutschland zu kommen, um zu arbeiten. Ich möchte in Deutschland leben. Da ist es so schön grün.« Hitze gehe bei ihm aber auch nicht, sagt er, und die europäischen Mädels finde er hübsch und würde gerne eine »bekommen«, wie auch immer das gehen soll. »Dann würde ich mit ihr im grünen Deutschland leben«, sagt Achmed. Er sehnt sich nach Wald und grünen Wiesen. Beim Abschied schaut er etwas betreten und bittet mich eindringlich, alle Aussagen von ihm auf den Videos, die ich mit der GoPro während der Fahrt gemacht hätte, zu löschen. Das kann ich verstehen. Er lebt bei seinen Eltern und träumt von einem besseren Leben im Grünen. Und er hat Angst. Wie viele Iraner.

In den Siedlungen, durch die ich jetzt Richtung Südosten fahre, in den kleinen Orten, aber vor allem in den Städten sieht es elend und erbärmlich aus. Ich bin in der Provinz Kerman. Mehrere starke Erdbeben haben die Region Anfang der Zweitausenderjahre verwüstet. Die einfach gebauten Häuser aus Lehm und Steinen fielen damals zum größten Teil in sich zusammen. Seitdem hat sich die Lage dort nicht gebessert, wie es aussieht: Schutt, Armut, Trostlosigkeit, wohin man schaut. Bettler sind an den Tankstellen gestrandet. Auch kleine Kinder und alte Männer bitten um eine Gabe. Durchwühlen Mülltonnen. Die meisten Menschen auf der Straße sind ärmlich gekleidet. Alle eher von magerer Statur. Abgemagert beinahe. Trotz der kühlen Witterung tragen sie viel zu dünne Tücher. Plastikschlappen im Schneeregen. Daneben einige dicke SUVs und Landrover, die an den alten, rostigen und klapprigen iranischen Pkw vorbeirasen. Wer mit diesen Luxusautos wohl unterwegs ist? Drogenschmuggler, Politiker, reiche Touristen? Üblicherweise fahren die Iraner hier Paykan, ein vorsintflutlich anmutendes Auto, das nach dem Vorbild des britischen Modells »Hillman Hunter« bis 2005 im Iran produziert wurde. Auch Peugeot, Opel und Viper sind unterwegs. Lastwagen von Mammut, Volvo oder – seltener – Mercedes. Die Markenzeichen sind teilweise gefakt und aufgeklebt. Aus meiner deutschen Sicht: alles alte Kisten, schrottreif! Mein alter Benz fällt auf, auch wenn die Leute noch nicht mal das Nummernschild gesehen haben. Eine Edelkarosse hier. Es gibt viele Verkehrstote im Iran, oft junge Männer, deren Auto dem Crash nicht standhält. An Parkplätzen, Raststätten, Tankstellen, überall, wo Menschen anhalten, aussteigen: Müll ohne Ende. Ich bin froh, wenn ich aus den urbanen Bereichen wieder in die Wüsten fahren kann. Dort ist es friedlicher, auch wenn es Skorpione, giftige Schlangen, Wölfe und anderes gefährliches Getier geben soll, wie Achmed sagt.

Bam – Zahedan (Iran)

Freitag, 22. November

Bei Bam sollen vorzügliche Datteln angebaut werden. Das erläutert mir der Englisch sprechende Iraner am Tresen der Hotelrezeption, dessen Schweizer Firma diese Datteln nach Frankreich verkauft. Als ich im Laden auf Englisch nach Datteln frage, versteht mich keiner der drei jungen Männer. Ratlos stehen sie um mich herum. Hilflos starren wir auf unsere vom Internet gekappten Smartphones. Dann ruft einer der Männer jemanden an, der besser Englisch spricht. Nein, Datteln würden sie in diesem Laden nicht verkaufen. Auch in keinem anderen Geschäft. Leider ist der Gast weg, sonst hätte ich ihn nach den Datteln fragen können.

Habe ich einen Fehler gemacht, als ich Hussain das Passwort für meinen Mail-Account gegeben habe? Er wollte nachforschen, ob das pakistanische Konsulat meinen Antrag inzwischen weiterbearbeitet hat. Aber er meldet sich nicht mehr. Und ich weiß nicht, ob ich überhaupt Rückmeldungen von ihm bekäme aufgrund des gesperrten Internets. Auch

Phil, dem ich eine Sprachnachricht auf seinem Handy hinterlassen habe, antwortet nicht.

Ich hoffe darauf, dass die Menschen, denen ich vertraue, gut sind und mein Vertrauen wert.

Was sollte ich sonst tun?

Diese Lage fühlt sich überhaupt nicht gut an. Ich denke nach, forsche, aber so richtig fällt mir für meine derzeitige Situation keine Lösung ein.

Beim pakistanischen Konsulat in Zahedan will ich nachfragen, ob sie Zugang zu den Unterlagen bekommen und mir etwas über den aktuellen Stand sagen können. Langsam bekomme ich ein Gefühl dafür, wie brutal abhängig die Menschen im Iran von diesem System sind und wie wütend diejenigen sein müssen, denen diese Anpassungsleistung nicht gelingt. Wer hier rausfällt, nicht mitspielt, sich dagegenstellt, wird vernichtet. Ein System, das bewusst die Angst der Menschen nutzt, um seine Ziele durchzusetzen. Wie kann eine angstvolle Gesellschaft eine Zukunft haben?

Die Menschen im Iran träumen von Freiheit und Selbstbestimmtheit. Während ich hier in meinem Bett lediglich davon träume, dass die Karaoke-Anlage der Hochzeitsgesellschaft im größten Saal des Hotels im Laufe des Abends ihren Dienst quittieren möge.

Zahedan – Datteloase – Zahedan

Samstag, 23. November

Ich fahre durch die endlose Wüste, die sich zwischen Bam und Zahedan hinzieht.

Ich fahre schnell und gleichmäßig. Durchgängig etwa 100 Stundenkilometer. Die Benzinanzeige und die Temperatur behalte ich gut im Auge. Ich möchte meinen Tank hier lieber nicht leer fahren, es gibt weit und breit keine Tankmöglichkeit. Nur Wüste. Sand. Steine. Hin und wieder wird auf Schildern vor Kamelen gewarnt. Vielleicht ist es denen zu kalt, 17 Grad, vielleicht finden sie nichts zu fressen, jedenfalls sehe ich kein einziges Kamel. Lastwagen, Busse, selten ein paar Privatautos. Sonst nichts. Ich fahre durch die Wüste.

Hier gibt es nichts. Nichts zu tun. Nichts zu sehen. Manchmal Datteloasen. Niedrige Lehmhütten. Ich will nichts. Bin frei von Wünschen. Frei von drängenden Fragen. Nach einem pakistanischen Visum. Nach einer Unterkunft. Nach Geldwechseln. Es ist still. Nur der Benz-Motor brummt. Einige Trucks kommen mir entgegen. Staub wirbelt auf. Nichts ist wichtig. Zeit und Raum verlieren ihre Bedeutung. Ich habe

Wasser. Ich fahre. Alles ist gut. In der Ferne im Dunst der Sandwüste erhebt sich eine Bergkette. Trockenes Dornenge- strüpp zwischen Steinen am Straßenrand. Nichts ist wichtig. Ich bin nicht wichtig. Ich fahre.

Ich bin vollkommen ruhig. Nichts bewegt mich. Nichts be- rührt mich. Es gibt keine Notwendigkeit etwas zu tun. Außer fahren.

Ich bin vollkommen bei mir. Vollkommen frei.

Kein Wollen. Kein Wünschen. Nichts drängt.

Ich fahre durch die Wüste.

Irgendwann unterbreche ich diese Zen-Meditation am Steuer und mache Rast in einer Datteloase. Plötzlich ist sie aufgetaucht, neben der Straße zwischen öden, steppenartigen Feldern und Steinen. Den Benz stelle ich neben der Straße ab. Steige aus und gehe einen sanft abfallenden sandigen Ab- hang hinunter. Noch ein paar Schritte, dann befinde ich mich zwischen alten, zottigen Dattelpalmen, dornigem Gebüsch und trockenem Schilf. Ich gehe weiter hinein, die vorbeifah- renden Autos sind kaum mehr zu hören. Überall auf der aus- gedörrten, rissigen Erde sind Palmen hingesunken, dort zer- fallen sie langsam zu Staub. Der Ort scheint schon lange nicht mehr bewirtschaftet zu werden. Aber mitten in dem staubig grün-braunen Dickicht finde ich eine junge Dattelpalme, an der frische, wilde, reife Datteln hängen. Ich pflücke mir eine Handvoll. Langsam lasse ich die warmen Datteln auf der Zun- ge zergehen. Keine Frucht aus dem Supermarkt zu Hause würde je diesen wundervollen Geschmack entwickeln wie diese wilde Dattel aus der Oase in den iranischen Provinzen Sistan und Belutschistan im Südosten des Landes. Die Region grenzt an Pakistan und im Süden ans Oman-Meer. Ich befin- de mich auf über 1000 Metern Höhe. Die beiden Provinzen werden als Land der Mythen bezeichnet, in dem es Tausende von orientalischen Geheimnissen mit bitteren und süßen Tatsachen geben soll, heißt es. Auf ihrem Weg nach Osten sind wahrscheinlich schon vor vielen Tausend Jahren hier Reisende vorbeigekommen, nicht bequem mit dem Auto wie ich, sondern zu Fuß und mit Kamelen. Die Provinz Sistan ist als Ursprung der Hochkultur der Menschheit und der Gemeinschaft in städtischen Ansiedlungen in die Geschichtsschreibung eingegangen. Die Seidenstraße ist eine der ältesten Handelsrouten der Welt. Über diese Lebensader verbreiteten Karawanen außer Seide, Gewürze oder Porzellan auch Ideen und Religionen. Eine der Reiserouten führt hier an dieser Oase vorbei.

Langsam gehe ich weiter hinein. Unter zerfallenden Palmenstämmen sehe ich Überreste von zerfallenen Hütten. Jemand hat hier einmal gelebt, als es noch genügend Wasser gab. Mit dem Rücken lehne ich mich an den warmen, rauen Stamm einer Dattelpalme. Lausche der Stille und dem Wind, der durch die Wüste streicht ...

Weit hinten im Geflimmer der östlich gelegenen Berge sehe ich sie vor meinem geistigen Auge heranziehen, die Karawane der Reisenden. Die Händler sind mit ihren wertvollen Waren unterwegs Richtung Indien. Für die Nacht suchen sie Schutz zwischen den Palmen und hoffen auf Wasser für sich und ihre Tragetiere. Als sie in die Oase einziehen, wirbeln sie ein wenig Staub auf, den sie aus der Wüste mitbringen. Leise ertönt Musik, die Frauen, in farbenprächtige Tücher gekleidet, haben bereits das Essen für die Fremden vorbereitet. Nach der Mahlzeit lauschen die Bewohner der Oase mit großen Augen den geheimnisvollen Geschichten der Reisenden am Feuer.

Als ich mich dazusetzen möchte, verfliegt das Bild in der Hitze des Nachmittags ...

Irgendwo in dieser Datteloase, zwischen Bam und Zahedan, irgendwo in der iranischen Wüste Lut, verliere ich bei meinem Halt das Täschchen mit dem Mikro, dem Kabel und dem vermaledeiten Adapter ...

Ich bin nun inmitten des Gebiets Sistan-Belutschistan angekommen, immer noch auf iranischer Seite. Die Stadt ist groß, 640.000 Menschen leben hier, die meisten von ihnen sprechen kein Englisch. Sie schauen mich mit großen Augen verwundert an, wenn ich sie anspreche. Die Männer tragen weite Pumphosen und lange, bis an die Knie reichende Hemden. Frauen sind, wie überall im Iran, schwarz verhüllt.

Nachts liege ich wach und sinne darüber nach, wie ich meinen Leuten zu Hause Nachrichten zukommen lassen könnte. Sie machen sich vielleicht Sorgen. Ich schreibe immer wieder SMS, die offensichtlich nicht durchkommen. Zweimal versuche ich, Phil anzurufen. Spreche ihm auf den Anrufbeantworter. Dadurch hat er meine iranische Telefonnummer und kann schließlich über Dingtone, einen Internet-Telefoniedienst, zurückrufen. Als er es versucht, stehe ich gerade mitten in der Datteloase und suche das Täschchen mit dem Mikro und dem Adapter. Später ruft Alireza an. Joh würde sich Sorgen machen, ich soll mich melden. Phil wird das Filmteam informieren und mitteilen, wie es hier steht. Klar, zuvor habe ich jeden Tag irgendwelche Botschaften gepostet. Und jetzt haben sie seit einer Woche nichts mehr von mir gehört. Alireza hat wohl bereits wieder Internet in Teheran. Wenn die Regierung Bezirk für Bezirk wieder ans Netz schließt, kann es noch mehrere Tage dauern, bis auch hier in Zahedan das

Internet wieder offen ist. Phil sagt, das Pakistan-Visum sei noch in Arbeit, Hussain habe das Einladungsschreiben zwar hochgeladen, aber es sei bisher kein abschließendes Ergebnis im Antragsformular notiert. 60 Kilometer sind es nur noch bis zur pakistanischen Grenze. Wie lange ich wohl diesmal warten werde?

Im Pytza shb, einem Fast-Food-Restaurant, sitzt am Nebentisch ein junges Mädchen mit ihren Freundinnen. Vielleicht fünfzehn Jahre jung. In regelmäßigen Abständen zerrt sie das große schwarze Tuch, das ihren kompletten Körper bedeckt, über ihre Haare. Dann lässt sie es langsam so weit nach hinten gleiten, dass die langen schwarzen Haare zu sehen sind, und zieht es schließlich mit einer groben, unwirschen Geste wieder zurück über den Kopf, worauf das Tuch wieder langsam in den Nacken rutscht.

Was erlebt dieses Mädchen? Beinahe ein Kind noch. Welchen unsinnigen Einschränkungen ist sie unterworfen? Warum darf sie sich nicht frei bewegen und sich ihres schönen jungen Körpers erfreuen? Ihre Hände sind gefangen. Immer wieder muss sie dieses Tuch unter dem Kinn zusammenhalten. Muss das Tuch zurechtrücken. Es um den schlanken Körper winden. Welch eine Energieverschwendung! Was für eine Störung des erwachenden Lebens. Niemals wäre ich bereit, eine solche sinnentleerte Bürde zu tragen.

Morgen wechsle ich das Hotel. Das Hotel Saleh ist mir etwas zu heruntergekommen. Nicht urig wie die Eco Lodge am Rande der Wüste mit ihren hübschen Lehmhütten und sauberen, dicken Teppichen, sondern schmuddelig, irgendetwas stinkt, es ist ungepflegt und kalt. Zahedan liegt auf über 1700

Metern Höhe, und die Nacht ist kalt. Knapp über null Grad. Auch wenn die Klimaanlage miefige, lauwarme Luft durch den Raum bläst, bleibt der Boden eiskalt.

Der Komfort der Unterkünfte hat sich verändert, seitdem ich durch die Wüste gefahren bin. Vieles hat sich verändert.

Aber die Fahrt durch die Wüste hat mich auf eine seltsame Weise glücklich gemacht.

Zahedan

Sonntag, 24. November

Sonntag ist hier alles andere als ein Ruhetag. Alles macht und tut. Sogar das Hotel-WLAN funktioniert auf einmal wieder. WhatsApp, E-Mails, Facebook-Nachrichten, alles donnert rein. Aber leider nichts Neues zum Pakistan-Visum. Ich rufe beim pakistanischen Konsulat in Zahedan an.

»Guten Tag!«

»Five minutes, please.« Knack! Aufgelegt.

Ich wurde nicht mal nach meinem Namen oder irgendetwas anderem gefragt. Nächster Anruf.

»Please, wait ten minutes.« Knack! Aufgelegt.

Dann ist Feierabend. Hussain will noch mal anrufen. Ich vermute, dass auch er dort nichts erreichen wird. Es ist irgendwie nicht ihr Job, Leute wie mich am Telefon zu bedienen.

Ich gehöre inzwischen zur Hotelfamilie. Die Reinigungsfrau kümmert sich um mein Brot, packt es in Plastiktüten, damit es nicht austrocknet, macht sauber und dreht die Heizung an, damit ich nicht friere.

Zahedan – Richtung Zabol – Zahedan

Montag, 25. November

Ich bin rausgefahren.

Richtung Zabol in die Wüste.

In der Wüste angekommen, verlasse ich die Straße, stelle den Benz hinter ein paar Felsblöcken auf einem Schotterweg ab und gehe zu Fuß weiter. Laufe rein in die Wüste, über Sanddünen und Hügel hoch auf einen Berg, immer den ausgetrockneten Wasserlauf entlang. Einen Pfad gibt es nicht. Oben sehe ich in der Ferne die Bergketten auf der pakistanischen Seite von Belutschistan, noch ein Stück weiter nördlich zieht sich die Anhöhe hinüber nach Afghanistan. Felsen, Sand, Steine, Gestrüpp, Kräuter ... ein unendlich friedlicher Ort.

Was wäre, wenn jeder Mensch hier im Iran einmal in der Woche für einen Tag allein in die Wüste ginge? Einmal bei sich selbst sein können ohne schwarzes Tuch über der Seele? Ohne Wut im Bauch? Nur mit sich und dem Wind, der über die Hügel streicht. Und mit diesem kleinen Vogel, der nur für sich selbst singt und tiriliert.

Was sollen die Frauen tun im Iran? Sich anpassen, in schwarze Tücher hüllen, unkenntlich machen als Individuum? Oder aufbegehren, das Tuch vom Kopf rutschen lassen, den Kopf nicht beugen? Der geringste Preis wären aufdringliche Blicke, anzügliche Bemerkungen der Männer. Oder schlimmer: gesellschaftliche Ächtung. Wenn ich hier noch länger bleiben muss, um auf mein Pakistan-Visum zu warten, besorge ich mir vielleicht auch so ein schwarzes Schutztuch, nur um nicht permanent angestarrt zu werden, wenn ich die Straße queren oder etwas zu essen kaufen möchte. Mein langes Hemd und die mittlerweile graugrüne Outdoorhose, dazu das blaue Tuch über den Haaren reichen nicht aus, ich falle auf und werde angeglotzt.

Sie wissen nicht, was sie den Frauen mit ihrer Aufdringlichkeit antun, die Männer hier und überall auf der Welt. Wie schön wäre es, wenn wir mit Achtung voreinander auf Augenhöhe miteinander lebten? Wenn sich niemand seiner Herkunft, seiner Hautfarbe oder seines Geschlechts wegen angstvoll verbergen müsste?

Auf dem Weg hinaus aus der Stadt Richtung Osten passierte ich gleich hinter Zahedan den ersten Grenzkontrollpunkt. Im Grenzgebiet zwischen Belutschistan, Pakistan und Afghanistan wurden vor einigen Jahren Touristen von Taliban entführt, immer wieder gibt es blutige Unruhen und Anschläge. Hier, wo ich mich herumtreibe, ist nichts außer Wüste. Da lohnt nicht mal eine Entführung, weil sich selten Touristen hierher verirren. Ich verbringe folglich einen entspannten Tag in einem Grenzgebiet, vor dem das Auswärtige Amt dringend warnt. Für die Ein- und Ausreise auf dem Landweg von Iran nach Pakistan durch Belutschistan hat die deutsche Bundesregierung eine Teilreisewarnung ausgegeben. In Belutschistan besteht laut Auswärtigem Amt zudem ein erhöhtes Entführungsrisiko.

Obwohl die Gegend objektiv gesehen kein Naherholungsgebiet ist, bin ich relativ gelassen. Auch wenn der wahrscheinlich gefährlichste Abschnitt meiner Reise unmittelbar bevorsteht. Das Tuch, das sonst meine Haare verdeckt, habe ich längst abgenommen. Mein Geist wird still ...

Nur Stein und Staub um mich her. Dürre Sträucher, wenig Blühendes. Kein Baum. Kein Mensch. Nicht mal ein Tier ist zu sehen.

Die Wüste lässt mich still und nachdenklich werden. Wenn einmal der letzte Mensch zu Staub zerfallen sein wird, kehrt vielleicht Frieden ein auf der Erde.

Zahedan – Shahr-e Sookhte – Zahedan

Dienstag, 26. November

10.000 Kilometer habe ich seit meinem Aufbruch mit dem Benz aus Nordhessen zurückgelegt. Mit allen Irr- und Wirrfahrten. Nach 10.000 Kilometern wollte ich längst in Südostasien sein. Und jetzt habe ich noch nicht mal die Grenze zwischen Iran und Pakistan überquert. Aber das Warten hat Vorteile: In Adana, Erzurum und jetzt auch hier in Zahedan nutze ich die Zeit, um die Umgebung zu erkunden. Ich fahre erneut Richtung Zabol, ins Grenzgebiet Afghanistans, zur Ausgrabungsstätte der »Verbrannten Stadt« Shahr-e Sokhte am Ufer des Helmandflusses.

Archäologen fördern hier seit 1967 Überreste aus der Bronzezeit aus dem Sand zutage. Die Grundmauern von Ansiedlungen aus dem Jahre 3800 vor Christus, Fragmente einer Epoche lange vor unserer Zeit. Geheimnisumwoben verwirrend, die schmalen Raumaufteilungen. War hier damals auch bereits Wüste? Wasser muss es wohl gegeben haben. Funde aus der Zeit von 2700 bis 2300 vor Christus lassen darauf schließen, dass die Stadt ein Knotenpunkt zwischen der persischen, mesopotamischen, indischen und chinesischen Zivilisation gewesen ist. Im Juni 2014 wurde die Sandsteppe Shahr-e Sokhte in die Liste der UNESCO-Weltkulturerbestätten aufgenommen. Wieder ein wundervoller Tag in der Wüste.

Und dann, aus dem Nichts, ruft Phil an. Mein Pakistan-Visum ist autorisiert. Er hat es mir per E-Mail zugesandt. Aber noch immer ist unsicher, ob ich mit diesem Visa-on-Arrival überhaupt in Pakistan einreisen kann ...

Zahedan – Pakistanisches Konsulat

Mittwoch, 27. November

Seit über zehn Tagen hänge ich jetzt schon im Iran fest.

Gestern Abend bin ich ins Bett gegangen mit einem Gefühl von Aufgeben. Meine Sorge, im Niemandsland zwischen Iran und Pakistan hängen zu bleiben, ist nach wie vor groß. Wenn ich aus dem Iran ausreise, kann ich nicht zurück. Ich habe nur eine Einreise. Und wenn ich mit dem möglicherweise untauglichen Visum nicht nach Pakistan reinkomme, bin ich womöglich zwischen den Grenzen gefangen. Das wäre dann vielleicht irgendwann eine Vorlage für einen Hollywood-Film wie »Terminal«, bei dem es um einen russischen Reisenden ging, der neun Monate auf dem Flughafen JFK in New York lebte – wegen Visa-Problemen. Oder vielleicht geht es mir wie dem Iraner Mehran Karimi Nasseri, der vom 26. August 1988 bis August 2006 auf dem Flughafen Paris Charles de Gaulle ausharren musste, weil sein Pass verschwunden war. Lustige, faszinierende Geschichten, bestimmt erzählenswert und unterhaltsam als Spielfilm – aber ziemlich sicher eine Qual für die Hauptfiguren. Lieber nicht!

Ich hoffe sehr, dass es mir nicht so ergeht. Aber was kann ich tun? Ein anderes Touristenvisum für Pakistan zu beantragen, dauert mindestens noch mal zwei Wochen. Niemand weiß irgendetwas.

So sende ich überallhin Hilferufe. Und die Hilfe naht.

Auf dem Irrweg zum pakistanischen Konsulat gabelt mich eine Iranerin mit ihrem Auto auf und fährt mich bis vor eine mit hohen Mauern und von bewaffneter Polizei gesicherte Anlage. Die etwa vierzig Jahre alte Frau hat blondierte Haare, sie ist elegant gekleidet und hat offensichtlich bemerkt, dass ich mich suchend umschaue. In Deutschland würde ich in so einer Situation wahrscheinlich ignoriert werden, im Iran bekommt man Hilfe angeboten. Die Menschen hier sind auf eine sensationelle Weise gastfreundlich.

»Ich muss zum pakistanischen Konsulat und kann es einfach nicht finden«, erkläre ich der Frau auf Englisch meine Lage. Sie führt mich freundlich lächelnd hin.

»Kann ich Ihnen noch irgendwie weiterhelfen?«, fragt sie, als wir angekommen sind.

»Sie sind so freundlich und haben mir wirklich sehr weitergeholfen. Ganz lieben Dank!«, antworte ich berührt. Dann schenkt mir die Frau eine Frucht zum Abschied. Mit der golden schimmernden, mir völlig unbekannten Frucht in der Hand kämpfe ich mich bis zum Dienststellenleiter des Konsulats durch. Er guckt mir in die Augen und sagt ruhig: »Pakistan möchte seine Gäste empfangen, ihnen die Tür öffnen.« Und er fügt hinzu: »Ich möchte Sie unterstützen, unser Land zu besuchen. Sie können mit diesem Visum einreisen.« Er meint mein Visa-on-Arrival, das mir inzwischen bewilligt worden ist. Ich habe mit allem gerechnet, denke an die Einreise in den Iran und meinen alten Freund Ararat und die kafkaesken Anrufe bei den Behörden – dass ich einfach nach Pakistan einreisen kann, habe ich zwar gehofft, aber nicht wirklich für möglich gehalten. Ich drehe fast durch vor Freude, bleibe aber ruhig. Der Dienststellenleiter sagt das so einfach dahin, und ich verbiege mich seit Wochen, um herauszufinden, ob dieses Visum genügt. Ich könnte ihm um den Hals fallen, bedanke mich aber stattdessen nur überschwänglich und verlasse voller Euphorie das bewachte Gelände.

Ich könnte die ganze Welt umarmen! Ich bin so glücklich, ich kann also morgen Richtung Grenze fahren! »Pakistan möchte seine Gäste empfangen.« Dieser Satz hat sich in mein Gehirn gebrannt.

Dann treffe ich vor dem Hotel Mazyar.

Zwischen tiefer Bewunderung und purem Entsetzen schwankt mein aufgewühltes Gemüt in diesen persischen Tagen. Zu berührend und vielfältig, um die Dichte der Ereignisse auf die Schnelle zu beschreiben. Zu bitter, um nicht darüber zu berichten. Der Iran ist, wenn man ein starkes Gemüt hat, mehr als eine Reise wert.

Mazyar, ein etwa fünfundzwanzigjähriger Iraner, ist der verstoßene Spross einer untergegangenen Herrscherdynastie in Belutschistan im Grenzgebiet zu Afghanistan. Die Mitglieder seiner großen Familie haben nach wie vor großen Einfluss auf das politische Geschehen und arbeiten auf guten Posten vor Ort.

Er spricht mich auf der Straße an. Einfach so. Ohne Zögern, ohne lange Vorrede.

»Bist du mit diesem Auto hier?«, fragt er ohne Umschweife.

»Ja, ich komme damit aus Deutschland.« Ich bin mir unsicher, was dieser junge Iraner von mir will.

»Bitte begleite mich«, sagt er. »Ich zeige dir die Stadt, und wenn du Hilfe brauchst, dann bin ich da.« Ich schaue Mazyar ins Gesicht. Ich sehe einen Menschen, dem ich vertrauen kann.

Mazyar ist etwa 1,85 Meter groß, schlank, er hat schwarze Haare und dunkle, leuchtende Augen. Seine Nase ist schön gestaltet und ausdrucksvoll. In seinen Augen ist ein wildes, unruhiges Flackern. Sein Gesichtsausdruck erscheint mir, als würde er in einer intensiven Konfrontation mit dem Leben stehen. Er ist mir sofort sympathisch, ich gehe mit ihm.

Mit Mazyar verbringe ich den gesamten Tag und den ganzen Abend. Er unterrichtet in einer kleinen Schule Englisch und arbeitet als Tourenguide. In seinem paradiesischen Hostel mitten in Zahedan gibt es mehrere kleine Zimmerchen für acht Personen und fünf weiße Katzen in einem idyllischen Innenhof.

Wir setzen uns hin, er bietet mir Tee an. Er will mir etwas erzählen. Seiner Miene nach ist es keine schöne Geschichte.

»Ich lag im Bett. Hier in meinem Hostel. Meine Freundin war bei mir.« Mazyar spricht mit leiser Stimme, als er von der Schreckensnacht zu sprechen beginnt.

Mitten in der Nacht erwachte er von Gepolter und Getrampel.

»Sie schlugen an die Türe und traten sie auf! Etwa fünf Polizisten drangen in den Raum ein. Sie haben uns aus dem Bett gezerrt. Wir waren kaum bekleidet, in Unterhosen und T-Shirts.« Seine Stimme zittert, als er weiterspricht. »Sie schrien durcheinander. Sie haben mich mit ihren Stöcken geschlagen.«

Die beiden wurden in verschiedene Gefängnisse geschleppt und verbrachten getrennt voneinander zwei harte Wochen in Gefangenschaft.

»Jemand aus meiner großen Sippe hat uns bei der Sittenpolizei verraten«, beschließt Mazyar seine Erzählung mit ausdruckslosem Gesicht. Ein Liebespaar wird eingesperrt und geschlagen, nur weil die beiden nicht verheiratet sind. Unfassbar.

Die meisten seiner Familienmitglieder leben angepasst. Sie haben hohe Ämter inne und werden ihn nur protegieren, wenn auch er sich den Regeln beugt. Das will Mazyar nicht. Lieber geht er ins Gefängnis. Vielleicht, so hofft er, gelingt es ihm, aus dem Iran wegzukommen.

Mazyar redet und redet und redet. Er erklärt mir den Iran, wie ich ihn in seiner brutalen Komplexität bisher nicht gekannt habe. Er spricht über sein Land, das er liebt und hasst.

Über zweihundertfünfzig Menschen seien bei den Demonstrationen wegen der Benzinpreise getötet worden, sagt er. Viele sind in den Gefängnissen. Deren Leben sei, wenn sie jemals wieder rauskommen, zerstört. Seine Freunde haben überwiegend reiche Väter. Sie sitzen in Cafés, trinken Tee, rauchen Shisha und spielen.

Er geht mit mir zum Essen in eines der Cafés, wo man ihn offensichtlich gut kennt, und stellt mich seinen Freunden vor. Auf dem Löwenberg, einer Erhebung am Rande Zahedans, wird abends Haschisch geraucht und Alkohol getrunken. Ab und zu kommt die Polizei vorbei und verprügelt die jungen Männer. Als wir oben auf dem Berg ankommen, sitzen in einer Ecke zwei Soldaten, trinkend und rauchend.

Mazyar hat als junger Mensch mit Opium gehandelt, er wollte alles ausprobieren und hat Drogen über die Grenze nach Afghanistan geschmuggelt.

»Mein Vater ist von einem Bekannten heimtückisch ermordet worden«, sagt er nüchtern. Mazyar redet immer weiter: »Mein bester Freund, der ebenfalls im geheimen Widerstand ist, wurde eines Tages von der Polizei in seiner Wohnung aufgehängt.«

Als ein anderer Freund mit zweiundzwanzig Jahren bei einem Autounfall ums Leben kommt, zerbricht Mazyar beinahe. Das Geld, das er verdient, reicht hinten und vorne nicht. Obwohl er den ganzen Sommer über Reisende führt und Englisch unterrichtet. Er muss die teure Miete für das Hostel zahlen, für den Lebensunterhalt bleibt nur wenig. Gäste kommen immer seltener, der politischen Bedingungen wegen.

Er bittet mich darum, ihm Geld zu leihen. Es ist ihm sichtlich peinlich, aber er hat nichts mehr zu essen. Ich gebe ihm den Lohn für einen Tagesguide, umgerechnet etwa 50 Euro. Ein sehr besonderer Guide.

Spät am Abend sitzen wir zusammen auf seinem abgewetzten Sofa in dem kleinen, blau angestrichenen Zimmer. Bücher stehen in Regalen, Bilder hängen an der Wand. Das Bett ist vom morgendlichen Aufstehen noch zerwühlt. Mazyar rezitiert Texte – mystische Lyrik – von Omar Chayyām (1048–1131). In wohlklingender persischer Sprache trägt er inmitten seines traumverlorenen Paradieses im Zentrum von Zahedan die Mystischen Rubaiyate seines Lieblingsdichters vor. Ich möchte nicht, dass er aufhört. Ich könnte ihm ewig lauschen, obwohl ich die Worte nicht verstehe. Aber ich mag ihren Klang und kann ihre Wirkung irgendwie spüren, ohne den Sinn der Silben zu kennen.

Ich erzähle Mazyar von meiner Zentralasien-Reise mit dem Motorrad. Und davon, dass ich so gerne in den Hindukusch reisen möchte. Mazyar sagt: »Ich kann mit dir kommen. Wir kaufen uns Motorräder. Ich begleite dich durch Belutschistan, Pakistan und Afghanistan. Wenn ich als Spross einer einflussreichen belutschischen Sippe dabei bin, bist du vor Taliban-Angriffen geschützt.« Und er fügt völlig sachlich hinzu: »Wenn mir ein Haar gekrümmt würde, müssten die Täter die Verantwortung übernehmen!«

Das hört sich nicht sehr gesund an für zukünftige Täter.

Und ich würde so gerne mit Mazyar auf dem Motorrad durch Afghanistan zum Hindukusch reisen ...

Früher am Abend hatten wir den Englischkurs besucht, in dem Mazyar unterrichtet. Sieben Mädchen im Alter von zwölf bis sechzehn Jahren saßen dort gehüllt in dunkle Tücher und lernten. Die Kursleiterin bat sie, mit mir Englisch zu sprechen. Sie trauten sich zunächst nicht. Dann kamen zögerlich ein paar Fragen. Ein Mädchen wollte wissen: »Was denken Sie über den Iran?« Und dann brach es, noch bevor ich ihr antworten konnte, aus ihr heraus. »Ich hasse den Iran!« Sie schrie es fast in den Raum. Sie möchte lieber gehen als bleiben.

Mazyars Schwester wollte nach dem Tod ihres Mannes ihren neuen Freund heiraten.

Da dieser aber kein Belutsche ist, stimmte die Familie dem Vorhaben nicht zu. Sie musste sich von ihrem Freund trennen, andernfalls hätte die Familie sie verstoßen. Im besten Fall ...

Als Frau im Iran hat sie keinerlei Optionen. Wer gegen die Regeln der Familie verstößt, ist so gut wie tot. Auch die Familie hat keine Wahl. Die Scharia gibt die Regeln vor. Und in sexuellen Angelegenheiten oder Vergehen wie Drogenschmuggel gibt es kein Pardon.

Frauen sind durch das im Iran angewandte islamische Rechtssystem in fast allen Rechtsbereichen stark benachteiligt und werden laut der Internationalen Gesellschaft für Menschenrechte systematisch entrechtet. Das betrifft insbesondere das Zeugen-, Ehe- und Scheidungs-, Sorge- und Strafrecht. Zu Letzterem gehört das sogenannte »Vergeltungsrecht«, wonach das Leben und die Gesundheit von Frauen nur halb so viel wert sind wie jene von Männern. Die Selbstmordrate von Frauen im Iran gehört zu den höchsten weltweit.

Das Gefängnis übersteht nur, wer Schutz bei stärkeren Gefangenen findet. Wem das nicht gelingt oder wer den Schutz nicht bezahlen kann, liegt mit einer versifften Decke auf dem kalten Steinboden inmitten Hunderter anderer Gefangener. Darunter Mörder, Drogenhändler und Wirtschaftskriminelle. Alle zusammengepfercht wie Tiere. Im selben Raum mit den Aborten.

Viele kehren vollkommen gebrochen aus dem Gefängnis zurück. Gesellschaftlich sind sie auch nach dem Verbüßen ihrer Strafe zumindest als politische Gefangene raus aus dem Spiel. Die Gesellschaft nimmt sie nicht mehr auf.

Mazyar kann nicht aufhören. Alles Elend sprudelt aus ihm heraus.

»Wir werden vermutlich beobachtet«, flüstert er, als wir miteinander durch Zahedan gehen. Und: »Vielleicht überlebe ich nicht.«

Was aus seiner Freundin geworden ist, kann oder will er nicht sagen ...

Am Abend lese ich in den islamkritischen Mystischen Sprüchen von Omar Chayyām:

»Von allen, die auf Erden ich gekannt,
ich nur zwei Arten Menschen glücklich fand.
Den, der der Welt Geheimnis tief erforscht.
Und den, der nicht ein Wort davon verstand.«

Zahedan – Mirjaveh – Taftan (Pakistan)

Donnerstag, 28. November

Mazyar hat verschlafen.

Er will mir das schwarze Köfferchen bringen, mit dem technischen Material, das ich zum Drehen brauche. Ich habe es gestern im Auto seines Freundes, der uns ein Stück mitgenommen hat, vergessen. Darin sind auch die Speicherkarten mit den bisher aufgenommenen Fotos und Videos und die Ladekabel für GoPro und Osmo. Jetzt warte ich, obwohl ich losfahren will zur Grenze nach Mirjaveh, um heute endlich nach Pakistan zu gelangen. Seit einer Stunde bin ich auf der Straße. Im Hotel habe ich bereits ausgecheckt. Aber ich kann ohne dieses Köfferchen nicht losfahren.

Mazyar hat die Tasche. Wir haben gestern Abend noch kurz telefoniert. Ich weiß nicht, wo er wohnt. Wir sind kreuz und quer durch die Straßen und Gassen Zahedans gelaufen.

Plötzlich steht der Hotelbesitzer vor mir. Er müsse die Sicherheitspolizei einschalten. Da ich den Iran in Richtung Pakistan verlassen möchte, will er, dass ich bleibe, bis die Polizei eintrifft.

Inzwischen ist endlich Mazyar gekommen. Er rät mir leise, noch ein paar Minuten zu bleiben und dann abzuhauen. So habe ich es dann auch gemacht.

»Pakistan möchte seine Gäste empfangen.« Also auf zur Grenze nach Taftan! Das scheint ja wohl kein Problem zu sein mit dem Grenzübertritt. Denke ich.

Wenig später bin ich gefangen in einer Festung.

Pakistan möchte seine Gäste empfangen? Alles um mich herum ist hermetisch abgeriegelt. Ich bin eingesperrt. Vor dem Büro, in dem ich heute die Nacht verbringe, sitzt ein Soldat mit einem Schnellfeuergewehr. Alle drei Stunden lösen sich die pakistanischen Soldaten ab. Die Holzbank mit dem dünnen Sitzkissen ist zu kurz und sie ist hart. Durch das zerbrochene Fensterglas zieht kalte Nachtluft ins Büro. Ich friere. Es ist knapp über null Grad. Sie haben mir eine alte Decke gegeben gegen die Kälte.

Als mich die Grenzwächter zuvor von der pakistanischen Grenze in die Polizeistation gebracht haben, war der Innenhof der festungsähnlichen, mit doppelten Mauern geschützten und abgeriegelten Anlage voller Menschen. In Dreierreihen hockten etwa dreißig Männer dicht hintereinander auf dem Boden vor dem Tisch eines Beamten. Der Soldat war etwa Mitte fünfzig, er trug eine recht eng anliegende hellbraune Uniform; höflich und professionell arbeitete er die Reihe der sitzenden Männer ab. Nach seiner Aufforderung standen sie jeweils auf und nannten ihre Namen und Wohnorte. Er trug alles ordentlich in ein großes Buch ein. Dann kam der Nächste. »Es sind illegale Einwanderer aus Pakistan«, erläutert mir der diensthabende Beamte. Sie wollten im Iran arbeiten und wurden abgeschoben. Mit ihnen ein paar Frauen, kleine Kinder, ein Baby, die getrennt von den Männern vor dem Abort auf dem kalten Boden sitzen. Der Abort, ein Loch im Boden, ein kleiner Eimer für Wasser. Es stinkt erbärmlich. Die Männer werden in einem kahlen Raum der Anlage festgehalten. Zementboden. Gitterstäbe vor den unverglasten Fenstern.

Mit mir in der Station übernachtet Aimbrosamudra mit seinem vierzehnjährigen Sohn. Die beiden kommen aus Malaysia. Der asiatisch aussehende Vater ist nicht größer als ich, sein Sohn schmal und mit dunkler Haut wie sein Vater. Sie sind mit einem üppig beklebten Pkw unterwegs, Aufkleber von den Ländern, durch die sie reisen. Der Junge ist wegen einer leichten Behinderung in der Schule hängen geblieben.

»Wo kommt ihr her, mit dem bunten Auto?«, frage ich und bin gleichzeitig froh, nicht der einzige Reisende zu sein in der Polizeistation.

»Wir sind seit ein paar Monaten unterwegs und kommen aus Kuala Lumpur«, freut sich Aimbrosamudra über die Einladung zum Plaudern.

»Mein Sohn soll etwas von der Welt sehen und lernen!« Der Vater entscheidet sich, mit dem Sohn statt Schule eine Weltreise zu machen und ihn dabei alles zu lehren, was er zum Leben braucht.

Ich kann die Festung nicht verlassen. Hätte aber auch alternativ zu einer anderen Unterkunft gebracht werden können. Im Chat raten sie dringend davon ab. »Bleib in der Polizeistation!« Und erläutern: »Die Unterkunft ist dreckig, überteuert, unsicher. Du kriegst nichts zu essen. In der Station ist es sicherer. Die Taliban sind nicht direkt hier in der Gegend. Sie sind weiter oben im Norden in Afghanistan.« Das ist etwa 100 Kilometer von der Grenzstation Taftan entfernt. Das Auswärtige Amt gibt eine Teilreisewarnung für Belutschistan aus. Vor der Einreise auf dem Landweg vom Iran nach Pakistan wird gewarnt. Vor einigen Jahren sind hier Touristen entführt und getötet worden.

Ich werde also hier die Nacht verbringen, in diesem Büro. Ein großer, alter Schreibtisch aus Holz füllt den halben Raum, einige Aktenschränke an den Seiten, unverschlossen. Unter dem Fenster aus einfachem, teilweise zerbrochenem Glas steht eine hölzerne Bank. Hier, in der mit zweifachen Mauern gesicherten Anlage, können Reisende übernachten. Der diensthabende Offizier zeigt uns die Listen im großen Buch, handgeschrieben. Hier stehen Namen aus aller Welt, und es sind gar nicht so wenige; Fernreisende lassen sich von Bad News nicht abschrecken. Auch wir nicht.

Wir, das sind Aimbrosamudra mit seinem Sohn und ich. Wir reden lange miteinander, trinken Kaffee, sitzen mit den bewaffneten Militärs am Tisch.

Es ist inzwischen Nacht geworden in der Grenzstation in Taftan. Die Männer haben sich in den kahlen Raum zurückgezogen. Die Frauen sitzen mit den Kindern in der Ecke auf dem Boden. Sie frieren. Haben nichts zu essen. Aimbrosamudra ist sichtlich verzweifelt über die Situation der Frauen und Kinder.

»Das kann man doch nicht mit ihnen machen«, flüstert er mir zu. »Es ist kalt, sie haben nichts gegessen!« In unserer Hilflosigkeit machen wir ein paar Selfies mit den Kindern, versuchen, mit den Frauen zu sprechen. Wahrscheinlich ist das verboten. Die pakistanische Nacht wird kalt. Knapp über null Grad. Das Baby schreit.

Gegen dreiundzwanzig Uhr kommt ein Bus, wieder hocken sich alle in Reihen auf den Boden vor dem Bus. Steigen nur nach Aufforderung ein. Die Angst vor Schlägen lässt sie gehorchen. Als der Bus mit den Männern, Frauen und Kindern wegfährt, kehrt plötzlich Ruhe ein in der Station. Nur ein Mann, etwa vierzig Jahre alt, bleibt zurück. Er fällt mir erst jetzt auf. In einem ebenso kahlen, kleineren Raum, neben dem größeren Gefängnis, steht er am vergitterten Fenster und schaut zu uns herüber. Der Militärpolizist, der jetzt Dienst hat, erklärt: »Der hat vorhin einen Motorradfahrer totgefahren mit seinem Pick-up-Truck. Morgen wird er dem Richter vorgeführt. Er muss mit einer Gefängnisstrafe rechnen.«

Der Polizist schenkt uns Tee ein und gießt heißes Wasser auf das von mir mitgebrachte Kaffeepulver. Für die Beamten anscheinend völlig normal, ist die Situation für mich absolut surreal. Ich erlebe eine Welt, die mir vollkommen fremd ist, wie ich sie noch nie erlebt habe. Jetzt habe ich auch keine andere Wahl. Raus komme ich hier heute Abend nicht mehr. Die Tore werden bewacht von bewaffneten Militärs. Ich bin, wie alle hier, festgesetzt. Im Schutz der doppelten Mauern an einer Grenze, die man auf dem Landweg nicht passieren sollte. Belutschistan. Anschläge, Entführungen, Erschießungen, die Taliban sind nicht weit. Die Regierung will keine Vorkommnisse, die in den internationalen Medien zu einer weiteren Beschädigung des Ansehens von Pakistan führen könnten. Also wird der Reisende, der mit eigenem Fahrzeug kommt, in jedem Augenblick bewacht und von bewaffneten Polizisten begleitet.

Also füge ich mich in diese absurde Lage. Ein paar magere Sitzkissen als Unterlage und eine schmuddelige graue Decke, die sie mir gegen die Kälte gegeben haben. Ich packe meinen dünnen Schlafsack aus, putze mir die Zähne im stinkenden Abort und versuche zu schlafen. Durch das zerbrochene Fensterglas dringt die Kälte der Nacht, die Decke und der Schlafsack reichen nicht gegen sie aus. Die Stiefel der Wachen auf dem Steinboden. Ich höre ihre Waffen klirren, wenn sie ihren Dienst wechseln.

Auch der Gefangene auf der anderen Seite der Festung hat von ihnen eine Decke bekommen, damit er nicht auf dem kahlen Boden liegen muss. So ein Unfall hätte auch mir passieren können. Die Motorradfahrer sind völlig ungeschützt. Ohne Helm und Sicherheitskleidung fahren sie kreuz und quer durch den dichten Verkehr. Der Mann sieht aus wie ein Geschäftsmann. In einer Sekunde ist er aus seinem Alltag gerissen worden, man hat ihm alles weggenommen. Jetzt ist er ein Gefangener. Muss vielleicht für Monate oder Jahre hinter Gitter. Ich sehe ihn im dunklen Raum hin und her wandern. Was geht jetzt wohl in ihm vor?

Die Militärs sprechen recht gut Englisch, sie sagen, ich sei hier sicher. Die Taliban seien nach Afghanistan abgedrängt worden. Pakistan möchte seine Touristen als Gäste begrüßen. Es sei ein offenes Land.

Ab morgen werde ich von Eskorten begleitet weiterreisen. Eine Gefangene in einem schwierigen Land.

Der Himmel über der Polizeistation ist sternenklar, die Nacht eiskalt. In der Wüste bellen Hunde.

Ich bin in Pakistan.

Taftan – Dalbandin (Pakistan)

Freitag, 29. November

Mein erster eskortierter Tag.

Meine pakistanischen Begleiter sind Provinzpolizisten. Auf dem Land nennen sie sich Balochistan Levies. Sie sind stolz auf ihren Job als paramilitärische Gendarmerie, für ihre gefährliche Tätigkeit wird ihnen Anerkennung entgegengebracht. Ihre Hauptaufgabe besteht darin, die Strafverfolgungsbehörden zu unterstützen, um die innere Sicherheit aufrechtzuerhalten. Sie tragen eine besondere Uniform und sind mit Schnellfeuergewehren bewaffnet. Etwa alle 50 Kilometer werden sie ausgewechselt. Seit heute reist ein bewaffneter Gendarm mit mir im Benz, auf dem Beifahrersitz, die Knarre zwischen den Knien. Mal aufdringlich, mal redselig, mal wortkarg. Oft ist es still im Benz. Nicht alle Bewacher sprechen Englisch. Dann wird die Atmosphäre heikel. Ich spüre ihre schüchternen Blicke in meine Richtung. Es kommt sicher nicht oft vor, dass eine allein reisende europäische Frau mit einem Auto eskortiert werden muss. Einmal drängt mich ein Militär zum Anhalten. Er muss austreten. Dann kommt er grinsend zum

Auto zurück und erklärt mir, dass ich jetzt pinkeln gehen könne. O. k. Aber wo? Um uns herum nichts als Wüste. Weit und breit nichts und niemand. Nicht gerade der Ort, um sich unter dem Blick eines pakistanischen Militärpolizisten auf den Boden zu hocken. Ich verzichte also dankend und trinke weniger. Gleichzeitig passieren wir immer wieder Check-Posts, an denen meine Dokumente geprüft werden und alles in dicke Bücher eingetragen wird. Handschriftlich. Manchmal reicht man mir dort ein Glas Tee. In den wenigen Wüstensiedlungen fliegt der Müll im Wind umher. Er wird offensichtlich nicht entsorgt. Es scheint niemanden zu stören.

Was mich wundert: Ich sehe kaum Frauen auf den Straßen. Der öffentliche Raum ist hier absolut in Männerhand.

Abends harren zwei Militärpolizisten vor meiner Hotelzimmertüre mit Schnellfeuergewehren aus. Ich darf das Hotel nicht verlassen. Sie sind ganz nett, es ist halt etwas gewöhnungsbedürftig, neben sich jemanden zu haben, der mit einer geladenen Knarre rumfuchtelt.

Pakistan, das sind aber auch die Kamele, die entspannt über die Piste stolzieren. Das sind die großen Trucks, die über und über mit kunstvoll verzierten, bunten Außenflächen durch die Wüste gondeln. Warum sind nicht alle Lastwagen dieser Welt so wunderschön?

Und da sind die Menschen, denen es als höchstes Glück gilt, wenn sie dir als Fremden die Hand geben.

Dalbandin – Lak-Pass – Quetta (Pakistan)

Samstag, 30. November

Ich warte auf meine Eskorte. Für neun Uhr war die Abfahrt geplant. Jetzt ist es bald zehn Uhr, und die Polizisten lassen sich nicht blicken. Ohne Eskorte kann ich nicht losfahren. Seit Tagen die gleiche Zeremonie. Der Bewacher, schwer bewaffnet mit geladenem Schnellfeuergewehr, sitzt häufig direkt neben mir auf dem Beifahrersitz. Mit einem Seitenblick beobachte ich beim Fahren, ob die Knarre zwischen seinen Knien in meine Richtung rutscht, dann schiebe ich sie behutsam Richtung Tür. Sicher ist sicher. Oder aber die Eskorte begleitet mich im Pick-up-Truck.

Heute kommt Paul. Er wird am Abend mit dem Flugzeug in Quetta ankommen und direkt zum Hotel gefahren werden.

Über den 1900 Meter hohen Lak-Pass, knapp 25 Kilometer vor Quetta, komme ich nach zwei Tagen mit bewaffneten Polizeieskorten in die Hauptstadt Belutschistans. Am Pass wird scharf kontrolliert. Offensichtlich soll vermieden werden, dass Taliban in die Stadt gelangen.

Etwa zehn Kilometer vor dem Zentrum bricht plötzlich die Hölle los. Es geht ganz schnell. Der Gendarm an meiner Seite steigt aus dem Benz aus. Ein schwer bewaffneter, mit schussicherer Weste und Helm gesicherter Militärpolizist steigt jetzt ein und brüllt: »Go! Go! Go!« Er meint mich. Ich soll Gas geben. Ein Befehl. Gleichzeitig schreit er ins Funkgerät. Draußen eine irre Hektik. Ich bin umzingelt von mehreren Motorrädern, einer fährt, ein anderer sitzt mit der Knarre sichernd hintendrauf. Sie rasen mit einem wahnwitzigen Tempo durch den dichten Feierabendverkehr der Millionenstadt im Grenzgebiet zu Afghanistan. Warum plötzlich dieser Aufruhr? Ist etwas passiert? Natürlich sagt mir das keiner, und Zeit für Hintergrundinformationen scheint es im Moment nicht zu geben. Die Männer sind wirklich nervös.

Quetta liegt in der Randzone des paschtunischen Siedlungsgebietes, das zum Rekrutierungs- und Rückzugsgebiet der Taliban und anderer islamistischer Gruppen gehört. Hier herrscht ständige Alarmbereitschaft, besonders wenn eine deutsche Touristin mit ihrem Auto durchfährt. Ständig wechseln die Eskorten ihre Position. Ich soll ihnen dicht folgen. Seitenstraßen werden kurzzeitig abgesperrt. Andere Verkehrsteilnehmer mit einer knappen herrischen Handbewegung abgedrängt. Sie weichen sofort. »Go! Go! Go!« Immer wieder wechseln die Militärs in meinem Auto. Und sie schreien. Dann werden die Motorradfahrer ersetzt durch Kleinlastwagen, auf deren Ladefläche mehrere bewaffnete Militärs sitzen. Sie halten die Gewehre direkt in die Menschenmenge gerichtet, die sich mit uns auf den rappelvollen Straßen bewegt. Ich bin in Sorge, dass ich bei dem Tempo und der Hektik jemanden anfahren und verletzen könnte. Trotzdem werde ich gedrängt, möglichst dicht hinter der Eskorte herzurasen. Immer wieder werden die Eskorten abgelöst, oft in fliegendem Wechsel. Es wird nicht viel geredet, klare Handbewegungen, und ich weiß, was ich zu tun habe. Halten! Weiterfahren! Halten! Weiter! Eine eigene Entscheidung kann ich nicht treffen. Ich bin ein Gast. Ein gefangener Gast, zu meiner eigenen Sicherheit. Also versuche ich, ruhig zu bleiben, filme die seltsamen Szenen mit zittrigen Fingern mit dem Handy. Das ist eigentlich verboten, schätze ich, aber sie lassen mich machen.

Das Auswärtige Amt benennt die Sicherheitslage in Belutschistan als »äußerst prekär«. »Nein«, sagen die Eskorten, »man braucht hier jetzt nichts mehr zu befürchten. Wir haben alles im Griff!« Ich vermute, Pakistan soll unter allen Umständen verhindern, dass neue Anschläge gegen Touristen passieren. Die Regierung hat dafür dieses umfangreiche, gut funktionierende Sicherheitsaufgebot entwickelt. Sein schlechtes Image muss Pakistan auf jeden Fall korrigieren, auch aus wirtschaftlichen Gründen. China verlangt von seinen Geschäftspartnern für das Giga-Projekt »Neue Seidenstraße« eine stabile Lage im Inneren. Deswegen auch die Möglichkeit, Visa online zu beantragen. Nachdem in den letzten Jahren immer wieder Touristen in Belutschistan entführt und getötet worden sind, soll das dichte Sicherheitsnetz verhindern, dass weitere schlechte Nachrichten nach außen dringen. Und trotzdem gibt es immer wieder Selbstmordanschläge gegen politische und religiöse Gruppen, Terroranschläge mit vielen, auch zivilen Opfern.

Paul vom Filmteam ist im Hotel angekommen. Wir sind beide etwas fertig und müde. Er vom langen Flug, ich von der Hektik der letzten Stunden. Morgen sitzen wir vermutlich im Hotel fest. Wir kommen nirgendwohin. So können wir ankommen und uns sortieren.

Was für ein Wahnsinn! Ein ganzes Land wird zur Sicherheitszone, damit ein halbwegs normales Leben möglich ist. Die jungen Männer, die an den Check-Posts entlang der Straße ihren Dienst verrichten, sehen ängstlich aus und angespannt. Sie werden ihre Gründe haben ...

Als »Landstreicherin« auf dem Jakobsweg hinter Trier in Richtung Frankreich.

Endlich Schnee für Bee.
Mein Sohn Philip und
seine Freundin auf einer
Autobahnraststätte nahe
Linz in Österreich.

Türkei

Anatolien. Der Van See ist überirdisch schön. Er liegt 1648 Meter über dem Meer. Im Hintergrund erheben sich die schneebedeckten Bergketten Ost-Anatoliens.

Markt in Adana, im Süden der Türkei.

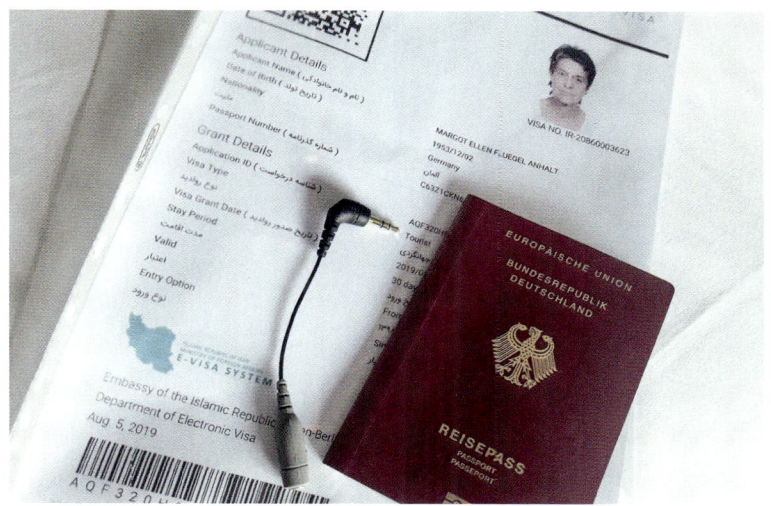

Die wertvolle Fracht, auf die ich in Adana über eine Woche warten musste.

Geheimnisvoller, großartiger Ararat! Mit seinen 5137 Metern erhebt sich der ruhende Vulkan im Grenzgebiet von Anatolien, Iran, Armenien und Nachitschewan.

Fernreisende! In Erzurum, in der Osttürkei, begegne ich Steffen (links) und Fabian. Wir logieren zufällig im gleichen Hotel. © Steffen Wolf

Zwischen Isfahan und Yazd

In der iranischen Wüste zwischen Isfahan und Yazd lasse ich mich von den
Ruinen einer alten Karawanserei verzaubern ...

Shahr-e Sookhte. Der archäologische Fundort der verbrannten Stadt liegt in einer Salzsteppe in der Provinz Sistan-Belutschistan im Iran.

Im Englischkurs einer kleinen Schule in Zahedan begegne ich diesen iranischen Mädchen.

Pakistan

Ein Check-Post in Belutschistan.

Rund um die Uhr werde
ich von bewaffneter
paramilitärischer
Gendarmerie bewacht
und eskortiert.

Pakistanische Lastwagen-
kunstwerke!

Mein Geburtstagsfest wird mit einer tollen Schokoladentorte und einem Ständchen begangen.

In der Polizeistation von Quetta verkürze ich mir die erzwungene Wartezeit mit Plaudereien über Schnellfeuerwaffen.

Die Wagah-Border in Pakistan. Am Grenzübergang zu Indien versammelt sich viel Volk auf beiden Seiten, um der zeremoniellen Wachablösung beizuwohnen.

In der beeindruckenden Grenzzeremonie drücken sich die militärische Präsenz und Kampfbereitschaft beider Staaten aus.

Indien

In Agra im indischen Bundesstaat Uttar Pradesh steht das geheimnisvolle Taj Mahal – das Symbol unsterblicher Liebe.

Jaipur. Im Affentempel Galta ji segnen hinduistische Mönche mich und meine außergewöhnliche Reise.

Wir haben viel Spaß, die Affen und ich.

Zazen, die Kunst des meditativen Sitzens, übe ich beim Fahren im Benz aus. Zen Buddhismus *on the road*.

Immer wieder begegnen mir indische Rinder mitten auf der Piste. Sie haben absolutes Vorrecht.

Südostasien

Paddeltour mit dem Filmteam auf einem Nebenfluss des Mekong im Norden von Laos, nahe Luang Prabang.

In Kale, einer Kleinstadt in der Region Sagaing in Myanmar. Nach einer erfolgreichen Inspektion fährt der alte Benz wieder.

Mein buddhistischer Guide Su Moon fühlt sich wohl in meinem Benz.
Gemeinsam reisen wir durch Myanmar.

Über alte Teakholzbohlen-Brücken rumpelt der Benz ins Landesinnere
Myanmars.

In den Bergen nahe Luang Prabang, Laos, bin ich zu Gast beim Frühlingsfest der Hmong.

Kanutour auf einem Nebenfluss des Mekong nahe Luang Prabang.

Eine kleine Dorfschulklasse am Fuß des Berges im Urwald nahe des Mekong in Laos.

»Schau mir in die Augen, Großer!« Eine weitere besondere Begegnung im laotischen Dschungel.

Mein Bruder Hans-Joachim Flügel, 2018 auf dem Bienenfest von Bechtholzheim/ © Christine Kern

Quetta (Pakistan)

Sonntag, 01. Dezember

Angekommen in Quetta. Paul ist vom langen Flug angeschlagen. Er ist von Deutschland über Dubai nach Quetta gereist. Es ist schön, ihn wiederzusehen, ein vertrautes Gesicht in dieser fremden, unsicheren Umgebung. Wir verbringen den ganzen Tag damit, Daten auszutauschen, zu reden und die nächsten Tage zu planen. Paul will mich durch Pakistan nach Indien begleiten und dabei filmen.

»Ich wundere mich wirklich, wieso du einfach mit dem Taxi vom Flughafen hergefahren worden bist und ich mit einem irren Aufwand hier ins Hotel eskortiert worden bin«, sage ich zu Paul, der nur die Achseln zuckt. Dann beschreibe ich ihm die wilde Aktion, bei der ich mir vorkam wie die Hauptdarstellerin in einem Agentenfilm.

»Wir sollten unbedingt versuchen, dass du etwas davon mit der Kamera einfängst, sonst glaubt uns das keiner zu Hause!« Er ist skeptisch. Es sei sicher verboten, meine militärischen Bewacher zu filmen, sagt er. Irgendwie kann ich verstehen, dass er nicht in einem pakistanischen Kerker landen will.

Dennoch mache ich Paul Mut, diesen Versuch zu wagen. Immerhin hat er es geschafft, die Drohne mit nach Pakistan zu bringen. Keine Ahnung, wie er das angestellt hat. Vielleicht gelingt es ihm auch, Aufnahmen von den Eskorten zu machen.

Der Plan wird geschmiedet, früh am nächsten Morgen das zwingend benötigte No Objection Certificate (NOC) auf der Polizeistation zu organisieren, um damit Quetta zügig mit der obligatorischen Eskorte in Richtung Lahore zu verlassen. Das ist zumindest Pauls Plan. Er weiß noch nicht, wie schwierig das alles ist hier. »Morgen«, sagt er in seinem jugendlichen Übermut, »stehen wir früh auf und fahren um acht Uhr los. Wir brauchen Aufnahmen von der Gegend.« Ich bin inzwischen eher zurückhaltend geworden, was Pläne anbelangt. Erfahrung. Paul braucht neue Flügel für die Drohne, einer ist gleich beim Start im Hof des Hotels abgebrochen.

Private Drohnen sind in Pakistan nicht direkt verboten, allerdings wurde das Land seit 2004 bis 2016 viele Male von der USA mit militärischen Drohnen angegriffen. Die Attacken forderten immer wieder auch zivile Opfer. Da könnte das Filmen mit einer nicht genehmigten Drohne möglicherweise zu Schwierigkeiten führen.

Wir wollen außerdem noch die pakistanischen Provinzen Sindh und Punjab sehen und, wenn wir es schaffen, die Grenzzeremonie an der Wagah-Border zu Indien besichtigen.

Ohne Eskorte können wir das Hotel aber nicht verlassen. Das Hotel liegt mitten in der Stadt, um den Innenhof sind die Zimmer galerieartig über zwei Stockwerke angeordnet. Im Innenhof wachsen Palmen und blühende Sträucher. Auf einer Rasenfläche sind Stühle und kleine Tische aufgestellt. Dort, in der Sonne, nehme ich mein Frühstück ein, Omelette,

Brot, Butter, Marmelade, Kaffee. Vögel zwitschern zwischen den Bäumen, der Lärm der Stadt ist weit entfernt zu hören. Wenn ich mich in Richtung Ausgang bewege, kommt ein Security-Mann und bittet mich freundlich nicht hinauszugehen. Es hört sich allerdings nicht wirklich wie eine Bitte an, es gibt da einen gewissen Unterton ...

Paul plant nach wie vor, am nächsten Morgen das Hotel gegen acht Uhr zu verlassen. Wir gucken zusammen noch auf dem Laptop einen Film von Daniel Rintz an, »Somewhere Else Together«. Dieser Film über die Weltreise von Daniel und seiner Freundin Joey mit ihren Motorrädern ist die Fortsetzung des ersten Films von Daniel: »Somewhere Else Tomorrow«. Da war er alleine mit dem Motorrad unterwegs und erzählte über seine aufregenden Abenteuer. Daniel suchte für die Realisierung des zweiten Films Unterstützer und bot als Gegenleistung für eine Spende verschiedene Pakete an: die DVD, Vorträge und die Beratung für eine Motorradtour. Die kaufte ich ein und konnte so während meiner Tour durch Zentralasien seine Hilfe in Anspruch nehmen. Spät am Abend verschwinden wir dann in unseren Zimmern. Nachts ist es in der über 1600 Meter hoch gelegenen Stadt kalt, knapp über null Grad. Die einzige Heizmöglichkeit ist ein kleiner Eisengasofen mit offener Flamme im Zimmer, der mitten in der Nacht zentral ausgestellt wird, ob man will oder nicht.

Am Morgen treffe ich beim Frühstück im von Palmen bestandenen romantischen Hotelinnenhof eine sehr sympathische Frau: Zulehka aus Karatschi, dreißig Jahre jung. Sie hat eine dreijährige Tochter und ist mit ihrem Ehemann, der in Quetta geschäftlich zu tun hat, unterwegs. Wir begrüßen uns, sprechen miteinander, machen uns bekannt.

Sie ist eine schöne, vollschlanke Frau. Sehr herzlich. Sie

interessiert sich für mich und meine Reise, ein ganz normales Gespräch. Wir verbinden uns auf WhatsApp und Facebook. Plötzlich kommt ein Hotelangestellter. Er spricht sie in verbindlichem Ton an, es klingt nicht böse, aber auch nicht freundlich. Sie hört zu, sagt kein Wort. Nach einer Weile steht sie auf und stellt ihren Stuhl fünf Meter von mir entfernt auf, setzt sich mit dem Rücken zu mir.

»Was ist los?«, frage ich sie erstaunt.

»Man hat mir bedeutet, dass ich nicht mit Ihnen sprechen darf!« Eine Begründung dafür erfahre ich nicht. Den ganzen langen Tag über kann ich kein Wort mehr mit ihr wechseln. Wir sind beide irritiert und verwirrt.

Quetta

Montag, 02. Dezember

Paul, Edi und ich sind gegen zehn Uhr fertig und bereit, mit der Eskorte zur Polizeistation zu fahren. Wir wollen Quetta heute verlassen. Weiterfahren. Wir warten. Gegen 11.30 Uhr kommen unsere Begleiter dann endlich.

Edi ist der einzige weitere europäische Gast im Hotel. Er fährt einen kleinen Suzuki Jimny, einen Mini-SUV. Seit drei Monaten reist er kreuz und quer durch Pakistan. Er will dieses geheimnisvolle Land kennenlernen und hat sich dafür entschieden, es mit einem eigenen Auto zu erforschen. Edi ist Ende dreißig, er kommt aus Litauen. Dort arbeitet er als Fahrlehrer im Sicherheitstraining von Rennfahrern. Seit einiger Zeit fühlt er sich krank, irgendwas mit der Leber ... er hat Schmerzen. In Pakistan findet er keinen Arzt, der ihn richtig behandeln kann, und will daher baldmöglichst zurück nach Hause.

Auf der Polizeistation geben wir unsere Daten zu Protokoll. Unterschreiben. Rennen von einem Büro zum nächsten. Überall bewaffnete Polizisten. Die Beamten wollen uns heute nicht fahren lassen. Es sei zu spät. Edi macht Druck. Er sei krank. Brauche dringend ärztliche Behandlung. Wir insistieren ebenso. Paul müsse zurückfliegen, wir haben nicht genug Zeit, wenn wir erst morgen weiterfahren. Gemeinsam bauen wir ein Drama auf, vom theatralischen Aspekt her gesehen recht beeindruckend. Finde ich wenigstens. Edi zwinkert uns zu, dann krümmt er sich ein bisschen vor Schmerzen, während er sein Anliegen vorbringt. Ich habe große Mühe, nicht zu platzen vor unterdrücktem Lachen. Wir haben immer mehr und mehr Zuschauer, offensichtlich spricht es sich herum, dass da drei verrückte Ausländer zu besichtigen seien. Wir wollen unter keinen Umständen noch eine Nacht im Hotel verbringen. Nach über drei Stunden bekommen wir endlich ein NOC, eine Art Passierschein, der es uns erlaubt, entweder heute oder morgen die Stadt zu verlassen und weiterzureisen. Ein kleiner Hoffnungsfunke.

Auf der Rückfahrt im Polizeijeep zum Hotel sehen wir aufgeregte Demonstranten mit Fahnen. Es ist die Opposition, die zu einer Demo aufruft. Die Straßen sind verstopft, ein unglaubliches Gedränge verhindert die Weiterfahrt. Die Polizisten sind schwer beschäftigt. Als wir endlich im Hotel ankommen, ist es später Nachmittag, aber wir weigern uns, wieder in unsere Zimmer zu gehen. Wir wollen die Stadt verlassen. Also bleiben wir in der Lobby sitzen, obwohl wir nach und nach erkennen müssen, dass wir heute nicht mehr wegkommen. Die Lobby füllt sich mit hilflosen Hotelangestellten, auch Zulekha und ihr Mann gesellen sich dazu. Ein Hotelangestellter schaut ins Registrierbuch und erklärt der wartenden Gesellschaft, dass ich heute Geburtstag habe. Mist! Das wollte ich eigentlich nicht. Das ist mir jetzt etwas unangenehm.

Eigentlich feiere ich meine Geburtstage in aller Stille und allein. Oft verschwinde ich dann in den Wäldern. Denke über mein Leben nach und darüber, wie ich es weiterführen möchte. Hier und jetzt ist es alles andere als still. Zulekha und ihr Mann lassen eine üppige Schokoladentorte mit Kerzen kommen, alle zusammen singen mir ein Geburtstagsständchen auf Englisch, wir trinken Tee und Kaffee, den die Rezeptionisten schnell zubereitet haben. Es wird gefeiert. Es ist mein 66. Geburtstag, den diese sehr gemischte Festgemeinde hier würdigt, gefangen in einer Lobby in einem Hotel in Quetta in Pakistan. Und plötzlich scheint es auch nicht mehr schlimm zu sein, dass Zulekha sich mit mir unterhält, sie darf seltsamerweise wieder mit mir reden. Wir hatten uns eh schon längst heimlich miteinander verbunden, über Facebook und WhatsApp.

Diese spontan organisierte Geburtstagsparty berührt mich. Die Menschen um mich herum nehmen mich in ihrer Mitte auf. Inmitten dieses von Terror gebeutelten Landes gibt es das ganz normale Leben. Zulekha lädt mich ein, sie in Karatschi zu besuchen, ich würde mich über einen Besuch von ihr in Thurnhosbach freuen, sage ich ihr zum Abschied. Wochen später schreibt sie mir auf WhatsApp, dass sie ihr zweites Kind erwartet.

Quetta – Multan (Pakistan)

Dienstag, 03. Dezember

Pünktlich um neun Uhr am nächsten Morgen erscheint dann tatsächlich die versprochene Eskorte, wir sind bereit zum Losfahren. Paul und ich wollen zur M 5, der gerade mal ein paar Wochen alten, nagelneuen Autobahn. Die Chinesen bauen die Autobahnen in Pakistan. Sie nennen das Giga-Projekt die »Neue Seidenstraße« nach dem Motto: *One Belt, one Road.* Bis Europa und Afrika soll er reichen, der 2013 begonnene Wirtschaftsweg, mit dem China die Weltordnung zu seinen Gunsten beeinflussen will, vor allem auf wirtschaftlichem Weg. Er soll China zur Weltmacht führen, neue Märkte erschließen, Chinas Sichtbarkeit und zentrale Rolle als globalen Akteur demonstrieren. Transport- und Energie-Infrastrukturen werden aufgebaut, Eisenbahnlinien, Flughäfen, Häfen, Brücken, Pipelines, Kraftwerke, Telekommunikationsnetze, Strommasten, Staudämme, alles wird gnadenlos in die Gegend geknallt, ohne Rücksicht auf Umwelt, vorhandene Siedlungen oder die Interessen der ansässigen Bevölkerung. Der immense Verbrauch an Wasser für die Baumaßnahmen führt zu Trockenheit in den angrenzenden Gebieten. Nur wenige einheimische Firmen sind involviert, überwiegend arbeiten chinesische Unternehmen an den Bauvorhaben. Die betroffenen Länder könnten durch die Verträge in eine Schuldenfalle tappen, es entstehen bei dem Projekt nicht nur wirtschaftliche, sondern auch politische Abhängigkeiten.

Wieder erleben wir das bekannte, nervenaufreibende Kommen und Gehen der Eskorten. In einem aufsehenerregenden Konvoi starten wir vom Hotel. Ständig wechseln die Begleitfahrzeuge, Motorräder, Jeeps, SUVs; wir rasen Richtung Ausfallstraße, wie viele Eskorten uns dabei begleiten, zählen wir nicht mehr.

Und plötzlich geht alles wieder ganz schnell.

Ein letzter Wechsel der Eskorten, wir umarmen uns noch kurz, dann fährt Edi mit seinen Begleitern rechts ab Richtung Taftan und Iran; wir müssen links Richtung Autobahn, weiter gen Osten. An der Auffahrt dürfen wir dann endlich alleine weiterfahren.

Auf der Autobahn kommen wir schnell voran, sie ist beinahe leer. Manchmal sehen wir Servicestationen, Benzin gibt es da noch nicht, mitunter ist der Bau einer Moschee abgeschlossen. Wir kommen weit an diesem Tag. Abends aber wollen sie an einem Check-Post unbedingt, dass Paul und ich bleiben und in ein Hotel gehen. Es sei dunkel, wir dürften nachts nicht fahren. Wir wollen weiter. Insistieren. Inzwischen sind wir umringt von einer Gruppe aufgeregter Polizisten. Der oberste Polizeichef wird gerufen. Auch er will uns nicht fahren lassen. Irgendwann kommen wir doch los, wieder begleitet von ständig wechselnden Eskorten. Erst an der Highway-Mautstelle sind wir frei. Wir fahren, fahren, fahren, wechseln uns ab. Irgendwann ist das Benzin alle. Jetzt müssen wir runter vom Highway, suchen einen Ort, um zu tanken. Es ist dunkel, die Straße wird schnell zur Piste, aber schließlich finden wir eine Tankstelle, kaufen viel trockenes Brot und Wasser und fahren weiter. Nachts um drei Uhr erreichen wir Multan. Keines der Hotels aus den Online-Hotelportalen darf uns aufnehmen. So fragen wir uns mitten in der Nacht mühselig durch zu der einzigen Unterkunft, die eine Genehmigung hat, Ausländer unterzubringen. Hier werden wir professionell eingecheckt. Auch in Pakistan lässt sich ein guter Rezeptionist nichts anmerken, egal, wer da um wie viel Uhr in der Nacht ankommt.

Multan – Sheikhupura, Lahore (Pakistan)

Mittwoch, 04. Dezember

Am Morgen vom Hotel zur Autobahn, natürlich eskortiert. Alle wie immer freundlich, hilfsbereit, bewaffnet. Der Tank im Benz ist leer. Vor uns rast die Eskorte. Ich betätige die Lichthupe, blinke, hupe ... nichts. Sie reagieren nicht. Als eine Tankstelle kommt, biege ich ab. Wir fahren an die Zapfsäule und erleben erstaunte Blicke des Tankwarts. Dann, auf einmal, kommt mit quietschenden Reifen der Truck zurück. Sie haben entdeckt, dass wir ihnen entkommen sind. Stürzen mit wildem Gestikulieren auf uns zu, verscheuchen andere Tankende und umstellen mich mit ihren Gewehren. Ein grimmig dreinblickender, dunkelhäutiger Soldat steht etwas weiter entfernt mit einer Pumpgun und hält Wache. Zwischen den waffenstarrenden Kerlen versuche ich zu tanken und zu zahlen. Um uns herum gähnende Leere. Die anderen Kunden sind spurlos verschwunden. Dann geht es weiter. Jetzt lassen sie uns nicht mehr aus den Augen. Auch auf den Straßen genügt eine knappe Handbewegung der Eskorte, um andere Verkehrsteilnehmer aus dem Weg und zur Seite zu scheuchen.

In Sheikhupura finden wir dann das große Haus meines Beschützers Hussain Quadir Shah. Er ist es, der mir das Einladungsschreiben ausgestellt hat, damit mein Pakistan-Visum überhaupt weiterbearbeitet werden konnte. Und der Rechtsanwalt Hussain war es auch, der mir zugesagt hat, mich bei Problemen im Land zu schützen. Sheikhupura liegt etwa 60 Kilometer nordwestlich von Lahore, der Hauptstadt der Provinz Punjab. In der Industriestadt leben 473.000 Einwohner. Trotz ihrer langen Geschichte, die Stadt wurde im Jahre 1607 gegründet, gibt es hier kaum Sehenswürdigkeiten von historischer oder kultureller Bedeutung. Herzlich werden wir in Hussains Haus aufgenommen. Er lädt uns ein in das weiße, zweistöckige Gebäude, dessen Eingang hohe Säulen zieren. Wir logieren in einem Wohnraum gleich neben dem Eingang. Dass im Haus auch seine Mutter und eine Schwester wohnen, bemerken wir erst am nächsten Tag. Sie bleiben vor uns verborgen. Nur eine Dienerin bringt uns Getränke und Essen. Hussain, siebenunddreißig Jahre, sehr schlank und sehr elegant, beantwortet alle unsere Fragen.

»Warum sind diese aufwendigen Sicherheitsvorkehrungen in Belutschistan notwendig?« Hussain antwortet: »China fördert Pakistan durch den gigantischen Bau des Projekts ›Neue Seidenstraße‹. Dafür erwarten sie, dass sich das Image im Land nicht noch mehr verschlechtert. Der Terror soll mit den Maßnahmen zurückgedrängt und der internationale Eindruck von Pakistan verbessert werden.« Die bis an die Zähne bewaffneten Eskorten und flächendeckenden Sicherheitsvorkehrungen scheinen tatsächlich die Anschläge und Entführungen zumindest von Touristen reduziert zu haben. Die Teilreisewarnung des Auswärtigen Amts hingegen bleibt weiter aktuell; immer wieder kommt es zu fürchterlichen Attentaten gegen Andersdenkende im Land selbst.

In Hussains Garten stehen Mandarinenbäumchen. Die Früchte sind reif, wir dürfen sie ernten. Wieder mal sind wir angekommen, fühlen uns willkommen.

Am Abend machen wir eine abenteuerliche und beeindruckende Fahrt durch Sheikhupura. Hussain geht mit uns zu seinen Freunden in ein Fotostudio, und sie zeigen uns dort, wie sie kunstvoll Fotos so bearbeiten, dass sich der Kunde gefällt. Die Veränderungen werden äußert professionell per Bildbearbeitung erledigt, unreine Haut wird einfach wegradiert, Augen leuchtender gemacht, Falten eliminiert. Zusammen mit seinem Freund spazieren wir anschließend durch die kleine Stadt. Hussain lädt uns ein, pakistanische Köstlichkeiten und Spezialitäten zu probieren. Zuerst gibt es Zuckergebäck, das auf der abendlich belebten Straße an einem Marktstand gebacken wird. In einem gut besuchten Lokal essen wir verschiedene gedünstete Gemüse- und Fleischsorten. Dazu gibt es Reis und Brot. Wo wir mit Hussain und seinem Freund auch auftauchen, werden wir bestaunt und bewundert. Die Menschen scheinen ihn zu kennen und zu respektieren. Niemand kommt uns zu nahe. Man macht uns Platz. Nicht einmal Selfies werden gemacht. Eine angenehme Stimmung umgibt uns, ich fühle mich gut aufgehoben. Allerdings betrübt es mich, die lebenden Hühner in Käfigen neben der Outdoor-Kochplatte eines Restaurants zu sehen, die darauf warten, dass man sie sich da direkt zur Zubereitung aussucht. Trotzdem muss ich gestehen, das gut gewürzte Essen und die Süßigkeiten schmecken vorzüglich. Und Hussain lädt uns zu all den Köstlichkeiten ein. Die Gebühr, die ich für seinen Letter of Invitation bezahlt habe, nutzt er, um uns in seinem Haus unterzubringen, uns einzuladen und uns Pakistan von einer guten Seite zu zeigen. Eine absolut lohnenswerte Erfahrung, die mir wieder mal beweist, an was ich schon lange glaube: Wenn man etwas Gutes gibt, bekommt man irgendwann von irgendwem auch wieder etwas Gutes zurück. Das klingt vielleicht banal, aber auf einer so abenteuerlichen Reise durch eine durchaus gefährliche Region bin ich dafür sehr, sehr dankbar.

Sheikhupura – Lahore – Wagah-Border (Pakistan)

Donnerstag, 05. Dezember

Früh am Morgen fahren Paul und ich mit Hussain zum Mädchencollege. Der übliche Lärm einer Schule vor Unterrichtsbeginn. Im kahlen Büro des Direktors werden wir formell begrüßt. Ständig kommen Leute rein, übermitteln Informationen oder nehmen Aufträge entgegen. Vermutlich gibt es heute Morgen mehr Andrang als sonst, um die Gäste aus Deutschland zu besichtigen.

In der ersten Klasse, die wir besuchen, wird Geschichte unterrichtet. Rund vierzig Mädchen im Alter von sechzehn bis siebzehn Jahren sind einheitlich in Weiß gekleidet, ihr Haar bedeckt mit schwarz-weiß gestreiften Tüchern. Einige tragen schwarze Tücher. Ein Mädchen hat das Tuch auf die Schulter rutschen lassen. Ihre schönen schwarzen Haare sind zu einem Pferdeschwanz zusammengebunden.

Hussain arbeitet neben seiner Tätigkeit als Anwalt auch als Lehrer. Er trägt Anzug und Krawatte, weil er später einen Gerichtstermin hat. Er unterrichtet in Englisch und Paschtu. Er stellt Fragen, die Mädchen antworten im Chor. Offensichtlich sind die Fragen und Antworten bekannt. Als Nächstes zeichnet er den Aufbau der Regierungsstruktur von Pakistan an die Tafel. Kalte LEDs erhellen den kahlen Raum nur unzureichend. Immer wieder erlischt das Licht. Der Stromkreis der Stadt sei instabil. Es ist angenehm kühl. Die Tür zum Innenhof des Colleges steht offen. Ein großer Baum inmitten des Hofes, an den die anderen Klassenräume angrenzen, verschafft Schatten.

Hussain witzelte gestern Abend, er könne vier Frauen heiraten. Und wie er da so schlank und jung vor der Klasse steht, kann man kaum verstehen, warum er immer noch nicht verheiratet ist. Ich vermute, jedes der Mädchen würde ihn sofort nehmen.

Jetzt zeichnet Hussain die Grenzen Pakistans an die Tafel, die Hauptübergänge in Taftan vom Iran, über den ich ins Land gekommen bin, und in Wagah nach Indien. Ein weiterer befindet sich auf dem Karakorum Highway im Himalaya. Der Karakorum Highway wird auch Silkroad genannt, Seidenstraße, erläutert Hussain. Er weiß nicht, wie sehr es mich danach gelüstet, auch diesen »Highway« mit dem Motorrad zu erkunden ...

Der Grenzübergang nach Afghanistan ist nur nutzbar, wenn die politischen Bedingungen es zulassen. Eine weitere Grenze befindet sich an der Arabischen See zur Überfahrt in die Arabischen Emirate (UAE). Die Grenzübergänge können recht aktuell auf der »Asia international border crossings map« online gefunden werden. Da es an den Grenzen ständig Änderungen gibt, sollte man sich jeweils aktuell informieren, ob eine Grenze offen ist, damit man nicht vor verschlossenen Toren steht (https://indiereisen.de).

Hussain spricht vor den Schülerinnen über die Beziehungen Pakistans zu China.

»China kann alles machen.« Jetzt baue das mächtige Land das Giga-Projekt *Neue Seidenstraße* Richtung Westen, erklärt er den Jugendlichen. Die andere Supermacht, so Hussain, sei Amerika. Auch über ausländische Touristen spricht er. Ihre Sicherheit wird durch Eskorten gewährleistet, wenn sie mit einem eigenen Fahrzeug ins Land kommen. Dann arbeiten die Mädchen still an einer Aufgabe. Wenn er die Klasse etwas fragt, schreit der Mädchenchor: »*Yes! Sir!*«

Ich stelle mich vor die Klasse, spreche über meine Reise und meine Eindrücke in Pakistan. Ich sage ihnen, dass jedes Land Mädchen wie sie brauche: Mädchen, die sich informieren und in die Welt hinausgehen wollen.

Nach der Stunde ist Pause. Die Mädchen rennen vor das Schulgebäude, um zu reden oder zu essen. Als wir an ihnen vorbeigehen, umringen sie mich, ich kann nicht weitergehen. Und was sie alles wissen wollen! »Sind Sie allein unterwegs?«

»Ja«, antworte ich. Eine bekannte Frage. »Wo ist Ihr Mann?«

Nicht ganz wahrheitsgemäß sage ich: »Der ist zu Hause. Er muss arbeiten.«

Zu erklären, dass meine beiden Männer bereits verstorben sind und ich alleine lebe, ist mir dann in dieser wuseligen Situation doch zu persönlich.

»Wie alt sind Sie? Haben Sie Kinder?«

Diesmal antworte ich wahrheitsgemäß: »Ich bin jetzt sechsundsechzig Jahre und habe zwei Söhne.«

Inzwischen steht und hockt das halbe College um mich herum. Die Mädchen füttern mich mit selbst gemachten Kuchen. Ich soll aus ihren Flaschen trinken. Ich mache alles mit.

»Wo kommen Sie her? Wohin fahren Sie? Gefällt Ihnen

Pakistan?« Die Fragen wollen kein Ende nehmen. Aber Hussain muss zum Gericht. Er drängt zur Abfahrt. So beende ich die angenehme Audienz. »Ja!«, rufe ich ihnen beim Weggehen noch zu: »Pakistan ist ein sehr interessantes Land!« Und ergänze: »Ich will auf jeden Fall wiederkommen!« Dann sind wir weg.

Nachdem wir in Lahore Ersatz gefunden haben für Pauls abgebrochenen Drohnenflügel, fahren wir zur Grenzzeremonie an die pakistanisch-indische Grenze. Zur Wagah-Border. Wir machen eine beeindruckende Erfahrung der schwierigen Art. Hüben wie drüben sind die Besucher aufgestachelt von dröhnenden Lautsprecherdurchsagen, Trommelwirbel und Musik. Krachend stampfen die Soldaten ihre Stiefel auf den Asphalt. Es wird marschiert. Alle Ränge sind besetzt. Immer wieder brüllt die Menge: »ZINDABAD! Es lebe Pakistan!« – »Es lebe Indien!« Wilde Gesten der Omnipotenz! Feindschaft auf hohem Niveau.

Aber warum dieses Gebaren, diese Feindschaft? Warum wenden sich diese zwei Nationen im Streit voneinander ab?

Hintergrund ist der seit vielen Jahren andauernde Kashmir-Konflikt. Indien, China und Pakistan kämpfen im Himalaya erbittert um die Vorherrschaft, um den Zugang zum Karakorum Highway, dem Wirtschaftsweg zum Meer.

Als wir im Hotel ankommen, wähle ich mich ins WLAN ein, das erste Mal seit längerer Zeit.

Meine Nichte hat mich per E-Mail angeschrieben. Ich solle nach Deutschland zurückrufen.

Wie immer bei einer solchen Nachricht ahnt man, dass etwas Schlimmes geschehen ist. Aber der Verstand will das nicht wissen. Irgendetwas ist, aber was genau will man sich einfach nicht vorstellen. Vollkommene Leere im Hirn. Nein. Ich will es nicht.

Ich rufe zurück und erfahre: Achim, mein geliebter großer Bruder, ist tot.

Bis kurz vor seinem Tod hatte er sich seinen Projekten gewidmet. Hatte sich zum PC tragen lassen. Achim arbeitete an der Auflistung verschiedener Insektenarten und deren wilden sowie kultivierten Nahrungspflanzen, stellte sein kleines Magazin zusammen, das er noch unbedingt veröffentlichen wollte, und plante den weiteren Aus- und Umbau eines Museums. Das »Lebendige Bienenmuseum Knüllwald« ist seine Hinterlassenschaft, ein privates Museum im Ortsteil Niederbeisheim in Nordhessen. Es wurde im Jahr 2000 von der Imkermeisterin Erika Geiseler und meinem Bruder Achim eröffnet. Die Anlage umfasst ein traditionelles Museum, in dem neben der Geschichte der Imkerei auch die Verwandten der Honigbiene in ihrer Lebensweise dargestellt werden. Im Garten und auf dem Gelände der stillgelegten Kanonenbahn blühen von Frühling bis Herbst immer irgendwelche Pflanzen, überall summt und brummt es. Kinder können Bienen streicheln und lernen, wie man Honig schleudert. Erwachsenen wird die Biologie der Stechimmen und die Geschichte der Imkerei bei Kaffee und Bienenstichkuchen nahegebracht. Umfangreiche Fachliteratur, in der die faunistischen und floristischen Untersuchungen archiviert werden, steht den interessierten Besuchern zur Verfügung.

Vieles davon ist von Achim verfasst. Trotz der starken Schmerzen in den Knochen, bedingt durch die Metastasen, hat er nicht aufgehört zu schreiben. Gegen Ende seines Lebens hat er die Morphium-Einnahme reduziert, um noch bei klarem Verstand zu sein ... Am Dienstag sei er dann bereits nicht mehr bei Bewusstsein gewesen. Mittwochabend sei er zu Hause »eingeschlafen und nicht mehr aufgewacht«, sagt mir meine Nichte am Telefon. Da waren Paul und ich mit Hussain und seinen Freunden in Sheikhupura nahe Lahore unterwegs ...

Als kleine Schwester habe ich Achim, meinen großen Bruder, stets bewundert. Er war ja immer schon da, sechsundsechzig Jahre lang in meinem Leben. Immer konnte ich ihn fragen. Er hat meist sofort geantwortet. Und beinahe alles gewusst. Als Kinder haben wir viel miteinander gespielt. Wir waren, zusammen mit den Nachbarskindern, eine richtige Bande! Da ging alles: Verstecken, Fangen, Völkerball ...

Eines Tages kam Achim und erzählte von einer Fuchshöhle, die er im Wald gefunden habe. Mit ein paar anderen Kindern gingen wir hin. Die Höhle war etwa drei Kilometer von unserem Haus entfernt tief im Wald. Wir inspizierten sie. Kein Fuchs drinnen. Also wurde sie ausgebaut. Achim als der Längste von uns, nahm eine kleine Schaufel und kroch so weit wie möglich in den schmalen Gang. Er grub den Gang nach und nach breiter und schob die Erde hinter sich zum Ausgang. Dort nahmen wir die Erde mit unseren Händen und mit Stöcken in Empfang, einen Eimer hatten wir nicht dabei, und schaufelten sie zur Seite. Nach mehreren Tagen des Grabens war der Gang und der Hauptbau so groß, dass wir alle zugleich hineinkriechen und darin sitzen konnten. Ich werde dieses wundervolle Gefühl der Geborgenheit und Zusammengehörigkeit nie vergessen, das mich damals mit Achim und den anderen Kindern in der Fuchshöhle verband.

Achim hat, mehr noch als meine bereits verstorbenen Eltern, die Türe geöffnet, durch die wir Geschwister ihm eines Tages nachfolgen werden ins Jenseits ...

Ich werde weiterreisen. Achim hätte nicht gewollt, dass ich wegen seiner Beerdigung die Reise unterbreche. Ich werde weiterfahren und trauern. »Er wird dich in Liebe begleiten, wo auch immer du bist«, schreibt mir Sebastian, ein Freund vom Jungen Theater Eschwege. »Und glaube mir«, tröstet mich Andrea, eine Freundin vom Qigong, einer chinesischen Meditations-, Konzentrations- und Bewegungsform, »er ist noch da.«

Als wir abends noch etwas essen gehen, das muss man ja, auch in tiefer Trauer, kommen Menschen auf uns zu. Sprechen uns freundlich an. Als spürten sie meine Not. Wir sollen wiederkommen, sie besuchen. Wir seien herzlich willkommen.

Lahore

Freitag, 06. Dezember

Präsident Dr. Hussain Muhayydin Quadir, der Sohn des
Gründers von Minhaj-ul-Quran International, nimmt sich
über eine Stunde Zeit, uns die Ziele des weltweit agierenden
islamischen Netzwerkes zu erläutern. Wir sind umringt von
zehn Institutsangehörigen, die uns während des Gesprächs
nicht aus den Augen lassen. Sie fotografieren und filmen das
Treffen, auch Paul dreht.

Sie halten uns für Journalisten, und irgendwie haben sie
recht. Wir wollen informieren, neues Denken ermöglichen,
neuen Ideen Raum verschaffen mit unseren Berichten von
unterwegs.

Wir, das sind Paul, Bashir und ich.

Heute Morgen ist Bashir unvermittelt in meinem Leben
aufgetaucht. Plötzlich saß er neben uns in der Lobby am großen, gläsernen Frühstückstisch und sprach uns auf Deutsch
an. Er hätte auf Pauls Computer deutsche Worte gelesen. Bashir kommt aus Pakistan, er ist fünfunddreißig Jahre alt, hat
Islamwissenschaften studiert und lebt jetzt mit einem deut-

schen Pass mit seinem serbischen Mann in Baden-Württemberg. Bashir ist Sozialarbeiter und arbeitet mit Flüchtlingen. Hier in Pakistan besucht er seine Familie. Mit Trauer in der Stimme erklärte er: »Homosexuelle Handlungen sind in Pakistan illegal und werden mit Gefängnisstrafen von zwei Jahren bis ›lebenslänglich‹ bestraft.«

Er erzählte uns von seinen Plänen für den Tag und schlug uns vor, ihn zu begleiten. Und wir gingen mit ihm. Jetzt sitzen wir hier in einem für Normalbürger nicht betretbaren Heiligtum, der Weltzentrale des sunnitischen, nicht staatlichen Netzwerks Minhaj-ul-Quran, und sprechen mit einem ihrer wichtigsten Männer. Und es ist überaus interessant, was uns hier berichtet wird. Ich erhalte Literatur, um später genau nachlesen zu können, welche Gedanken der Gründer Dr. Muhammad Tahir-ul-Qadri, ein pakistanischer Jurist, vertritt. Der Koran, so sein Sohn, sei durch wirtschaftliche und politische Interessen verfälscht, sie wollen saubere und den aktuellen Gegebenheiten angepasste Grundsätze zum wahren Islam aufstellen. Das Netzwerk unterhält weltweit zahlreiche religiöse, soziale und kulturelle Institutionen sowie diverse Bildungseinrichtungen. Ziel der Fatwa ist es, die Umma, die übergeordnete Gemeinschaft der Gläubigen, zu vereinigen und den wahren Islam zu stärken. Fehlgeleitete Interpretationen des Korans sollen korrigiert und richtiggestellt werden. Selbstmordattentate und die Tötung Unschuldiger werden verurteilt. Was mich bei der langen Ausführung wirklich berührt, ist seine Zusammenfassung. Mit ruhiger, konzentrierter Haltung spricht der etwa fünfunddreißig Jahre alte, etwas untersetzte Mann im langen, hellen Gewand über die Grundsätze der Einrichtung: »Nicht nur Toleranz wird gebraucht. Das ist zu wenig. Was wirklich zählt, sind Respekt und Liebe füreinander, damit wir eine gemeinsame Zukunft haben.«

Kurz zuvor im Auto auf der Fahrt hierher hatte ich zu Bashir genau das Gleiche gesagt.

Unterwegs hatten wir den berühmten Schrein des Heiligen Ali Hajveri besucht, sein vollständiger Name lautet: Darbar Hazrat Data Sahab Gunjh Bakhsh Ali Hajveri. Alle Eingänge des religiösen Schreins aus dem 13. Jahrhundert sind mit bewaffneten Sicherheitskräften abgeriegelt. Im Mai dieses Jahres war der Schrein Ziel eines Selbstmordanschlags: Acht Menschen starben, viele wurden verletzt. Bashir erklärte uns: »Hier starben Menschen, die kamen, um zu beten.«

Ich gelangte allerdings zuerst überhaupt nicht rein. Wächterinnen brachten mich schließlich nach einigen Verhandlungen an langen Schlangen wartender Musliminnen im Frauentrakt vorbei direkt zum Schrein des muslimischen Sufi-Heiligen Ali Hajveri. Ich beobachtete die Betenden, um zu sehen, was man dort machen sollte, verharrte eine kleine Weile und verneigte mich kurz. Dann ging es zurück zum vergitterten schmiedeeisernen Tor, hinter dem ich darauf warten musste, dass die Männer mich mit einem Schlüssel befreiten und abholten.

Im Minhaj-ul-Quran unterrichten auch Frauen. Sie sind qualifiziert worden, die Thesen von Dr. Tahir-ul-Qadri als Friedensbotschaft zu verkünden. Ich fühle, dass dieses sunnitische Gedankengut der Welt guttäte, die mitunter in Hass und Aggression zu versinken droht. Wie schön wäre es, wenn es mehr Leute mit dieser Geisteshaltung geben würde, egal, welcher Religion sie angehören.

Liebe und Respekt für alles, was Gott erschaffen hat, das

liegt auch Achims Lebenswerk für seine kleinen Insekten zugrunde, denke ich. Wer Zusammenhänge erkennt, sieht, dass jedes Wesen in dieser Welt in einer Verbindung steht mit jedem anderen. Leben kann nur gelingen, wenn wir den Weg in Respekt und Liebe füreinander gehen.

Morgen möchte ich weiterfahren, über die Wagah-Border nach Indien. Vielleicht bleibe ich dann gleich in Amritsar, das ist neunundfünfzig Kilometer von der Grenze entfernt. Und könnte so in aller Ruhe in Indien ankommen.

Paul und Bashir habe ich zum Flughafen gebracht. Sie sind am Abend nach Deutschland abgereist.

Lahore – Wagah-Border – Amritsar (Indien)

Samstag, 07. Dezember

In Amritsar. Verrückterweise führt der Weg von Pakistan über die Grenze nach Indien tatsächlich durch dieses Tor! Über diese streng bewachte, hoch umstrittene Grenze.

Seltsam, wenn dieser emotionsgeladene Ort plötzlich zu einer scheinbar normalen Grenze wird. Auf den Rängen sammeln sich bereits wieder beidseitig die Menschen, um die tägliche Zeremonie mitzufeiern. Schulklassen strömen in Scharen, es gehört wohl zum Sozialkundeunterricht in Indien, einmal hier mitzuschreien. Außer mir fährt kein einziges anderes Auto über diese Grenze, und ich bin froh, als ich drüben bin und nicht mehr von Hunderten Wartenden beobachtet werde. Sie öffnen also das Tor auf der pakistanischen Seite. Dann drüben auf der indischen. Die Grenzsoldaten, die gestern noch wild gestikulierend aufeinander zumarschiert sind, reden miteinander, lachen sogar zusammen. Dann bin ich drüben. Die Feindschaft scheint hier, direkt an der Frontlinie, zwischen den Soldaten nicht ganz zu funktionieren.

Auf der indischen Seite ist die Abwicklung des Grenzgangs

zügig. Alles wird gecheckt, Pass, Visum, Carnet de Passage. Der Drogenhund, der meinen Benz begutachten soll, gähnt gelangweilt. Er hat trotz mehrfacher Anweisung keine Lust, nach etwas zu suchen, was nicht da ist. Hätten der Hund und ich dem Grenzer gleich sagen können.

Dann bin ich in Indien.

Alle hupen. Der Verkehr brummt. Mehr noch als in Pakistan wird gedrängelt. Ich bin ja vorgewarnt worden. So bleibe ich ruhig, so gut es eben geht. Es gibt rechts und links der Straße viel Landwirtschaft. Kühe stehen mitten im Verkehr, grasen zwischen Müll. Die Autos sind größer als im pakistanischen Punjab.

Wieder mal ist Linksverkehr. Es wird unterwegs von Land zu Land dauernd wechseln. Von Deutschland bis in den Iran: Rechtsverkehr. Pakistan und Indien: Linksverkehr. Myanmar: Rechtsverkehr. Thailand: Linksverkehr. Laos: Rechtsverkehr.

Paul ist in Frankfurt gut angekommen. Beim Frühstück in Lahore habe ich noch einen fünfunddreißigjährigen Geschäftsmann kennengelernt. Super Haltung, gutes Englisch. Auch er kommt, wie Zulekha, aus Karatschi und meint, ich solle unbedingt den Norden Pakistans besuchen.

Noch in Lahore habe ich erfahren, dass die Agenturen, bei denen ich wegen einer Durchquerung Myanmars angefragt habe, mindestens zwei Wochen benötigen, um alle erforderlichen Unterlagen und Dokumente zusammenzutragen. Um mit dem eigenen Fahrzeug durch Myanmar zu reisen, muss man zwingend einen Guide buchen. Eine Agentur bietet mir an, für etwa 1000 Dollar zusammen mit einer Gruppe Ende Dezember zu fahren. Das passt mir zeitlich nicht, außerdem will ich nicht mit einer Gruppe unterwegs sein. Der Preis für einen Guide für mich alleine beläuft sich auf stattliche 1600 Dollar. Wenn ich aber eine Woche in Indien rumhänge, kostet mich das auch 300 bis 500 Dollar. Morgen muss ich mich für eine Agentur entscheiden, noch warte ich auf Rückmeldungen.

Am Ende könnte die Reisezeit dann doch recht knapp werden ... ich will ja Mitte Januar 2020 zurück in Deutschland sein.

Amritsar – Sirsa (Indien)

Sonntag, 08. Dezember

Müde, sprachlos. Traurig. So fahre ich jetzt weiter. Achims früher Tod, den wir befürchtet, ja erwartet haben, macht mich kraftlos.

Einen großen Bruder hat man nicht einfach nur, er ist Teil des eigenen Lebens. Wenn er geht, fehlt auf einmal viel.

Als ich erfahren habe, dass Achim unheilbar an Krebs erkrankt war, habe ich tagelang geweint. Als ich jetzt erfahren habe, dass er verstorben ist, konnte ich kaum mehr weinen. So kann ein schwer beeinträchtigter Körper nicht am Leben bleiben. Als ich losgefahren bin, ist es ihm fast nicht mehr möglich gewesen, selbstständig zu gehen oder zu stehen. Wie hätte er so weiterleben können?

Ich hätte ihn noch so sehr gebraucht ...

So werden die Tage jetzt schwer. Ich weiß so wenig über Indien. Die Menschen sind völlig anders als in Pakistan. Sie sehen anders aus, verhalten sich anders. Die Frauen tragen selten Tücher über dem Kopf. Sie sind in farbenfrohe, schöne

Stoffe gehüllt, die im Wind flattern. So sehen sie aus wie bunte Schmetterlinge. Viele sind etwas dicklich, das habe ich in Pakistan nicht gesehen.

Immer wieder lösen sich die Straßen auf in Baustellen, Schlaglöcher sind nicht selten.

Kühe stehen mitten auf der Hauptstraße oder liegen am Straßenrand im Müll, irgendwo dazwischen ein totes Pferd.

Der Verkehr wird immer wieder ausgebremst durch Fahrräder oder kleine Motorräder, die mit ihren klapprigen Aufbauten Material und Menschen transportieren. Mitunter kommen noch die von dürren Männern gezogenen Lastenkarren dazu, sie sind noch langsamer unterwegs. Hunde kreuzen die Fahrbahn. Der Benz staubt außen und innen immer mehr ein.

Im Hotel kein Handtuch. Kein Toilettenpapier. Die Tür kann nicht von außen verschlossen werden. Das Frühstück ist mager, geschmackloses Weißbrot, Butter, Marmelade, alles in Plastik verpackt, manchmal eine Omelette, und an das versprochene Wechselgeld von gestern Abend muss ich erinnern. Mein Hotel in Amritsar ist in einer engen, versteckten Gasse, es gibt keine Parkplätze. In Sirsa finde ich das Hotel erst gar nicht. Die Jungs, die ich nach dem Weg frage, sind erstaunlich unfreundlich. Nach einem kurzen Wortwechsel herrschen sie mich an: »Go!«, und zeigen dabei auf die Tür. Ich gebe auf. Fahre weiter und ziehe ins erstbeste Hotel, das ich am Wegesrand finde. Dort müssen sie erst ein Zimmer fertig machen, alles ist nicht wirklich sauber. Auch diese Angestellten sind verhalten freundlich. Irgendwie scheine ich zu stören. Immerhin gibt es ein Handtuch und Duschgel. Dafür ist das Wasser in der Dusche kalt, also nur kurz duschen. Im großen Hotelgarten findet eine indische Hochzeit statt. Eine unglaubliche Dramaturgie! Durch eine Schleuse voll Rosa und Rüschen zieht mit viel Musik und Lärm und Geschrei der Bräutigam auf einem Pferd ein. Die Hochzeitsgäste folgen ihm. Drinnen wird gefeiert, was das Zeug hält, die Braut sehe ich nicht. Sie steckt vermutlich noch im Straßenverkehr fest ... Die Fahrt durch die indischen Straßen hat mich erschöpft. So suche ich nicht mehr nach einem Restaurant, sondern esse meine restlichen Mandeln und Datteln und Mandarinen und lasse die Erlebnisse des Tages noch einmal an mir vorbeiziehen.

Da war in einer sehr engen Gasse dieses kleine Pferd. Der Verkehr wurde an einer Baustelle von einer Hauptstraße durch diese Gasse mehr oder weniger organisiert umgeleitet. Es bildet sich ein zäher Stau. Alle sind genervt. Hupen, Versuche, sich in jede kleine Lücke zu drücken. Als ich am Grund des Staus ankomme, sehe ich das Pferdchen. Es zieht einen Karren, der über und über mit schweren Kisten beladen ist. Oben auf dem Karren sitzen drei Männer. Völlig verängstigt durch die entgegenkommenden Autos und Lastwagen bleibt das Tier stehen. Die Männer, Händler, schlagen mit allem, was sie zur Hand haben, auf das Tier ein. Schlagen mit schweren Holzknüppeln auf seinen mageren Rücken. Prügeln mit Stöcken gegen seine dürren Beine. Hauen ihm auf den Kopf. Sie reißen am Zügel, dass der Kopf des armen Pferdchens immer wieder nach hinten gezerrt wird. Es hilft nichts. Das Tier bleibt stehen wie angewurzelt. Seine Augen sind weit aufgerissen vor Angst. Starr vor Schreck beobachte ich die gequälte Kreatur. Mich hält es nicht mehr im Auto. Ich laufe raus und streiche dem gepeinigten Tier über den schweißnassen Kopf. Während ich da stehe und die Leute zusammenlaufen, schlagen die Männer weiter auf das Pferd ein. Ich habe Mühe, nicht

selbst durch die Stöcke getroffen zu werden. Das kleine grau-
braune Pferdchen schaut mich an.

»Geh, versuche weiterzugehen«, spreche ich ihm Mut zu.
»Sie schlagen dich sonst tot!« Jetzt schreien die Männer mich
an. Zeigen mit wütenden Gesten auf mein Auto. Ich versuche, sie zu beruhigen. Sie vom Schlagen abzuhalten. Aber das
Gespann hat einen heftigen Stau ausgelöst, die Männer stehen offensichtlich unter einem starken Druck. Die Menge
um uns hat sich verdichtet. Ich sehe in den Gesichtern der
Menschen, die sich um uns zusammendrängen, überwiegend Neugier. Was macht diese Fremde hier? Das geschunde-
ne Tier scheint niemanden zu interessieren. Während ich es
vorsichtig am Kopf berührt habe, hat das Tier den Karren ein
paar Schritte weitergezogen. Um die wütenden Männer nicht
noch mehr zu verärgern, steige ich hilflos wieder in den Benz
und versuche, vorsichtig an dem Karren vorbeizukommen.

Tiere in Indien, verehrt und gequält. Im Hinduismus wird
die Welt eigentlich als Einheit gesehen. Viele Tiere werden
verehrt. Was dem indischen Weltbild allerdings zu fehlen
scheint, ist das christliche Prinzip der Nächstenliebe. Es ist
Karma, was einem Wesen zustößt. »Auch wenn mein Herz
schmerzt, so mische ich mich nicht in fremde Schicksale ein«,
könnte die Verhaltensweise der Umstehenden erklärt werden.
So kann jedes Wesen das ihm zugeordnete Karma durchle-
ben. Aus kulturhistorischer Sicht gibt es dafür sicher eine Erklärung, und möglicherweise hatte die Einteilung der Natur
in wertvolle und weniger wertvolle Lebewesen mal einen Sinn
für die Menschen. Aber wenn man sieht, wie in Indien mit
den Tieren umgegangen wird, werde ich nachdenklich. Selbst
die heiligen Kühe führen kein besonders würdiges Leben. Sie
suchen im Müll nach Futter, fressen dabei Plastik, Metallteile

oder menschliche Exkremente. Obwohl ich versuche, das Weltbild des Buddhismus und Hinduismus zu verstehen, kann ich den Schmerz beim Anblick des geschlagenen Pferdchens nicht zurückhalten. Das Bild der gequälten Kreatur geht mir nicht aus dem Sinn.

Sirsa – Jaipur (Indien)

Montag, 09. Dezember

Irgendwo zwischen Sirsa und Jaipur. Ich warte.

Ich warte an einer geschlossenen Bahnschranke. Ich warte zusammen mit vielen anderen darauf, dass ein Zug kommt. Noch liegen über fünf Stunden Fahrt auf staubigen Straßen vor mir. Und diese Straßen werden zusehends schlechter und schwieriger zu befahren. Der Asphalt ist völlig zerbrochen. Jeder versucht beim Fahren, zumindest mit einem Reifen noch ein Stück geteerte Fläche zu ergattern. Schließlich nur noch Piste. Staub. Löcher. Rechts und links der Straße Äcker, Bäume, Sträucher, Sand. Auch Kamele tauchen wieder auf. Alles ist mit Staub bedeckt. Kamele und Ochsen ziehen Karren. Überall kleine Motorräder. Hier draußen außerhalb der Städte ist es vergleichsweise entspannt, beinahe sauber. In den Dörfern geruhsames Treiben. Leute warten geduldig auf einen Bus. Kühe trotten träge über die Straße. Frauen tragen große Körbe auf dem Kopf. Kamele stehen wiederkäuend am Rand der Piste. Der Benz schluckt alles. Staub, Schlaglöcher. Beinahe-Zusammenstöße. Mehrmals bin ich mit dem rechten Spiegel an einem TukTuk hängen geblieben. Der Spiegel klappt von selbst zurück. Der Benz fährt weiter, als wäre nichts geschehen. Er knarzt nur ein wenig wie ein altes, längst verlassenes Schiff.

Jaipur. Dieser Klang. Zu Hause in Nordhessen habe ich davon geträumt, eines Tages in der indischen Stadt zu sein, die diesen Namen trägt. Jetzt ist es so weit. Beinahe dreizehntausend Kilometer und einundfünfzig Tage habe ich bis hierher gebraucht. Geht hier jetzt also der Traum in Erfüllung? Was hat mich hergelockt? Die Farben der Stadt? Der Duft der Gewürze? Die bunten Gewänder der Frauen? Die eindrucksvollen, imposanten Tempel?

Die abendliche Ankunft und eine Irrfahrt durch die schmalen Marktgassen lassen vorerst keine erhabenen Gefühle zu, meine Stimmung ist nicht sehr feierlich. Die Wirklichkeit ist immer ein bisschen anders als der schöne Traum. Aber tatsächlich bin ich stolz, es so weit geschafft zu haben. All die Schwierigkeiten unterwegs überwunden zu haben. Nichts hat mich davon abgebracht, weiterzufahren. Dem Plan zu folgen. Und es ist ja vor allem das Unterwegssein, weshalb ich immer wieder aufbreche. Jaipur ist nicht ein Ziel, es ist eine geheimnisvolle Wegmarke, die die Richtung angibt.

Die Sehnsucht, die mich treibt, hört nicht auf, wenn ich einen bestimmten Ort erreicht habe. Sie bekommt nur noch mehr Nahrung. Es ist für mich unfassbar beeindruckend, die Welt zu bereisen, das Fremde kennenzulernen. Diese Bilder auf sich wirken zu lassen, die man nur einmal im Leben und nur jetzt sehen wird.

Endlich bin ich also in Jaipur, einer Stadt mit 3,8 Millionen Einwohnern. Der Inhaber des Hotels Jal Mahal Haveli in einem Außenbezirk erklärt mir, morgen würden seine Angestellten mein Auto waschen. Er schlägt mir vor, den Benz in ein Flugzeug verfrachten zu lassen und die nächste Etappe zu fliegen. Weite Strecken werden hier offensichtlich mit dem Flugzeug überwunden, auch das Auto wird verladen. Weit, das ist von Jaipur aus gesehen Thailand und Laos. Dahin fährt man normalerweise nicht.

»Normalerweise nicht«, sage ich, »aber ich bin schon dreizehntausend Kilometer gefahren. Und ich will weitere fünftausend Kilometer fahren, Richtung Myanmar, Thailand und Laos.«

Jetzt erschrickt der Mann ernsthaft. In seinem Gesicht steht die Frage geschrieben, ob er es mit einer Irren zu tun hat. Seine Grimasse strahlt ehrliches Entsetzen aus, ich muss lauthals lachen. Zum Glück nimmt er mir das nicht krumm.

»Du erinnerst mich an meine Großmutter«, sagt er, »die lacht auch oft.«

Mit seinem weißen Hyundai-SUV bringt er mich zu seinem Restaurant in der Innenstadt, dort bekomme ich endlich mal wieder was Ordentliches zu essen. Gestern Abend in Sirsa hat es nur noch für Reste gereicht. Ich esse Hühnchen, Reis und Gemüse. Mild gewürzt. Für Touristen geeignet. Es schmeckt hervorragend und ist auch gut verträglich. Für den nächsten Tag organisiert er einen Guide, der mich zu den interessantesten Sehenswürdigkeiten Jaipurs bringen soll.

Die Farben von Jaipur, von ihnen habe ich ja zu Hause geträumt. Der Ursprungsgedanke hat sich bisher nicht so ganz bewahrheitet. Jaipur ist nicht so, wie ich mir die Stadt in meinen sehnsüchtigen Träumen ausgemalt habe. Man spricht sie anders aus, als ich sie ausspreche: nicht weich und zärtlich »Dschaipuhr«, sondern eher wie »Dschaprrrrr«, durch den

Hals gedrückt. Es klingt überhaupt nicht schön. Der Stadtkern, die »Pink City«, hat tatsächlich eine hübsche Farbe, aber alles drum herum nicht. Jaipur ist eine Industriestadt mit drei Millionen Einwohnern.

Die Farben von Dschaprrrrr kann ich nicht sehen bei meiner Ankunft, denn es ist schon dunkel. Mein GPS führt mich auf kürzestem Weg zu der Unterkunft, die ich online gebucht habe. Ich gerate in die Altstadt, kurve mit meinem Benz vorsichtig durch Trauben von Menschen. Es kommt, wie es kommen muss: Ich bleibe in einem winzigen Gässchen stecken, die Straße ist sowieso schmal, aber rechts und links sind Marktstände mit allerlei Kisten und Karren. Unmöglich, da zu wenden.

Sofort bin ich umringt von einer männlichen Menschenmenge, die auf mein Auto haut, grölt und feixt. Eine Frau mit einem breiten Auto aus Deutschland fährt auf den Markt von Jaipur, sehr witzig. Mir ist allerdings gar nicht zum Lachen zumute. Ich verriegele aus Sicherheitsgründen die Türschlösser und versuche, vorsichtig zurückzufahren. Trotzdem touchiere ich irgendwelche Gemüsekarren. Nach einiger Kurverei entkomme ich dann mit hochrotem Kopf diesem Marktgewimmel. Ich sage mir: Lass dich von diesem ersten Schrecken nicht davon abbringen, entspannt die Stadt kennenzulernen.

Jetzt ist es 22 Uhr. Leichter Dunst liegt über der Stadt und den Bergen am Horizont.

Um die Durchreise durch Myanmar zu organisieren, habe ich mich nun für eine Agentur entschieden. Für 1000 Dollar, darauf habe ich sie heruntergehandelt, erteile ich den Auftrag, mich schnellstmöglich in maximal sechs Tagen durch das Land zu bringen, die benötigten Permits zu besorgen und den Guide obendrein. Sie können allerdings die notwendigen

Dokumente frühestens am 22. Dezember bereitstellen. So werde ich also drei Tage in Jaipur, der Hauptstadt des indischen Bundesstaates Rajasthan, bleiben und für die 2500 Kilometer bis zur Tamu Border, der Grenze nach Myanmar, etwa zehn Tage Zeit haben. Ich kann mich demnach ein wenig ausruhen, Jaipur besichtigen und mich um eine Agentur kümmern, die mich irgendwie durch Thailand bringt. Denn ohne Agentur, so habe ich inzwischen zu meinem Schrecken in den Chatgruppen erfahren, geht das mit eigenem Fahrzeug offenbar nicht. Und es scheint auch mit Agentur noch komplizierter zu sein als die Fahrt durch Myanmar.

Am nächsten Tag bin ich froh über die Farben, Gerüche und Frauenstimmen auf dem Markt. Endlich wieder Frauen, die ihre Gesichter zeigen, die wunderbare bunte Gewänder tragen. Sie sehen aus, als würden sie gleich alle auf eine riesige Hochzeit gehen. Es sind aber nur ihre Alltagskleider. Es ist paradox: Einerseits sind die Leute hier im Bundesstaat Rajasthan zum größten Teil bitterarm, sie wohnen so dicht beieinander wie sonst nirgendwo auf der Welt. Aufgrund des Kastenwesens gibt es viel Ungerechtigkeit, es gibt religiöse Konflikte, Umweltverschmutzung und kaum Verdienstmöglichkeiten. Andererseits zeigen die Menschen ihre Lebensfreude viel deutlicher als bei uns in Deutschland.

Jaipur – Rundfahrt

Dienstag, 10. Dezember

Die Farben von Jaipur. Heute habe ich sie mir gegönnt.

Der rotorange Punkt auf meiner Stirn, von Mönchen aufgemalt, die während der Zeremonie ein Segensmantra hinmurmeln. Das blau-weiß gemusterte Tuch, das mit Stempeldruck erschaffen wird. Rosa und blau wie der Himmel über Jaipur die Kleider, die ich mir direkt auf den Leib schneidern lasse. Morgen Abend sollen sie ins Hotel geliefert werden.

Ein junger Guide bringt mich mit dem Moped auf den Berg. Die hinduistischen Mönche tragen orangefarbene Gewänder im Affentempel, der eigentlich Galta ji heißt und dem Sonnengott gewidmet ist. Die beiden Mönche laden mich ein, mit ihnen zu meditieren. So setze ich mich an den Eingang des Tempels auf den Boden und zapple noch ein bisschen – ungewohnt. Einfach so rumzusitzen, nach den vielen Tagen *on the road.* Seit ich die türkisch-iranische Grenze hinter mir habe, bin ich auf dieser Reise fast immer in Bewegung gewesen; warten und schweigen, das ist eine harte Prüfung für mich. Aber es tut gut. Einer der Mönche beginnt, mir diesen

Punkt auf die Stirn zu zeichnen, dabei singt er Mantras und lädt mich ein, mit ihm zu singen. Seine jungen, weichen Hände sind sanft, er streicht mir über die Stirn und über den Kopf. Die beiden Mönche sind höchstens dreißig Jahre alt und gut genährt. Das zeigt, dass doch einiges an Spendeneinnahmen bei ihnen ankommt. Schließlich bindet mir einer von ihnen das rote, geflochtene Band ums Handgelenk, es soll mich auf meiner weiteren Reise beschützen.

Zusammen mit dem Guide wandere ich durch die beeindruckende Anlage. Auf den Stufen, die nach unten zu den Tempeln führen, begegnen uns Affen. Da ich eine Tüte Erdnüsse gekauft habe, lassen sie sich nicht verscheuchen. Die Affen sehen die Tüte. Sie wollen gefüttert werden. Ich mag Affen. Sie sind uns so unglaublich ähnlich in ihren Bewegungen, ihren Gebärden, ihrer Mimik. Ohne Scheu klettern sie an mir hoch, setzen sich auf meine Schultern, halten sich an meinen Haaren fest und fordern mich auf, die Erdnüsse zu verteilen. Köstlich, ich könnte mich ausschütten vor Lachen!

Dann bin ich unterwegs mit Yathavan. Er ist mein Guide, der mich mit einem Leihwagen zu den Sehenswürdigkeiten Jaipurs bringen soll. Wir statten dem Palast der Winde einen Besuch ab, besuchen das Observatorium Jantar Mantar, das ist Sanskrit und bedeutet »Magisches Gerät«, angelegt im Jahre 1728. Vierzehn nach astronomischen Gesichtspunkten entworfene Bauwerke dienen unter anderem der Messung von Zeit, der Beobachtung von Planetenbahnen. Das größte Bauwerk ist eine Sonnenuhr mit einer Höhe von 27 Metern, die die Zeit auf etwa zwei Sekunden genau ansagen kann – irrsinnig spannend. Das Observatorium wurde 2010 als UNESCO-Welterbe anerkannt. Wir treffen Elefanten in ihrem

Unterstand, sehen, wie sie leben, wenn keine Touristen da sind, und bekommen dort einen köstlichen gewürzten Tee zu trinken. Yathavan zeigt mir alte Tempelanlagen. Lässt mich auch hier alleine. In aller Ruhe streife ich durch die wunderschön gestalteten Gemäuer, begegne zwischen Stein und blühenden Sträuchern Frederico aus Italien. Auch er ein Alleinreisender. Ein wundersamer, friedlicher Ort. Yathavan bringt mich auch zu den Handwerksläden, wo ich die herrlichen Stoffe für meine indische Kleidung aussuche. Die Stoffe sind mit Pflanzenfarben gefärbt, Sonne und Salz halten die Farbe im Gewebe.

Yathavan erzählt von seiner familiären Situation: »Mein Vater war Alkoholiker. Jetzt ist er tot.«

Ich frage ihn: »Hast du Kinder? Eine Frau?« Er schüttelt den Kopf.

»Nein.« Er grinst. »Eine Frau redet zu viel!«

Aha, denke ich. Das kenne ich doch irgendwie.

»Immer will sie irgendwas, und du hast keine Ruhe mehr.«

Das kann ich gut nachvollziehen.

Beziehungen mögen wundervoll sein. Aber immer ist da jemand, der irgendwas will. Man kommt kaum dazu, einen klaren Gedanken zu fassen. Als Yathavan aber anfängt, mir zu schmeicheln, dass mein Lachen ihm gefällt, und er anhebt zu fragen, ob ich auf der Suche nach einem Mann bin, erkläre ich ihm: »Yathavan! Schlag dir das jetzt sofort aus dem Kopf. Nein!«

Zu Hause hatte ich Sorge wegen des Verkehrs in Indien. Wegen der vielen Menschen. Hatte Scheu bei dem Gedanken an ihre Fremdartigkeit. Alles vorbei! Alle Sorgen vom Winde verweht! Die Menschen sind hier so freundlich, offen und entgegenkommend. Ja, sie wollen Geld verdienen. Wie überall. Aber die Art, wie sie auf mich zugehen, ist bezaubernd. Ja, sie ist bunt und laut und zärtlich, diese Stadt. Auf einmal kann ich mir vorstellen, hierzubleiben, in Jaipur. In Indien.

Und doch: Übermorgen reise ich weiter.

Weiter Richtung Südosten.

Möglichst nicht über Delhi mit seinen über 18 Millionen Einwohnern oder durch andere Riesenstädte. Ich habe Zeit bis zum 24. Dezember, dann muss ich in Moreh im Bundesstaat Manipur angekommen sein und die Grenze nach Myanmar bei Tamu überqueren. Dort soll mich ein Guide erwarten mit allen nötigen Dokumenten. Er wird sechs Tage in meinem Benz mitreisen. 1000 Dollar wird mich das kosten.

Schließlich will ich nach Myawaddy im Osten des Landes an der Grenze zu Thailand reisen, und auch dort ist offensichtlich eine aufwendige Regelung für Reisende mit eigenem Auto erforderlich. Permits, Lizenzen, Versicherungen, Nachweise, internationaler Führerschein ... im Chat »*Thailand – New regulations affecting overland travellers on foreign vehicle*« suche ich nach Informationen und Tipps. Vermutlich brauche ich auch für Thailand einen Guide. In der Gruppe brodelt viel Verwirrung und Ärger über diese neuen Regelungen, die Thailand für Fernreisende ausgesprochen hat.

Jaipur

Mittwoch, 11. Dezember

Mit meinem Guide Yathavan fahre ich zu den Forts nahe Jaipur. Yathavan ist Ende vierzig. Obwohl seine Mutter ihm immer wieder Frauen vorstellt, ist er noch unverheiratet. In Indien ist es üblich, dass die Eltern die zukünftigen Schwiegertöchter aussuchen. Glück, wer keine Tochter ist, die muss ihr Ehegeld bei der Hochzeit mitbringen. Das Fest wird von der Familie der Braut ausgerichtet. Die Mitgift für die Braut zahlt ebenfalls die Familie der Frau. Und Familien, die etwas auf sich halten, fordern teilweise teure Hochzeitsgeschenke für den Bräutigam. So gilt eine Tochter zumindest bei einer Heirat als Verlustgeschäft. Dementsprechend unbeliebt sind Mädchen. Yathavan lebt bei seiner Mutter. Sie gibt uns Pfannkuchen als Vesper für unterwegs mit.

In der geheimnisvollen Dämmerung eines indischen Abends in Jaipur besuchen wir ein Elefantencamp. Elefanten sind den Hindus heilig. Der Mond geht auf, spendet ein diffuses Licht. Ich darf trotz der späten Stunde auf der Elefantenkuh reiten, sitze auf einer dicken Decke auf ihrem Rücken und spüre unter mir ihren riesigen Körper. Dann füttere ich das schöne Tier mit Zuckerrohrstangen, und die Elefantenkuh lässt mich ganz nah an sich herankommen. Ich schaue ihr in diese großen, stillen, friedlichen Augen. Welch eine Ehre, dass dieses urzeitlich wirkende Wesen mich nicht einfach niedertrampelt.

Ich bin tief berührt.

Jaipur – Agra (Indien)

Donnerstag, 12. Dezember

Warum schenken sie uns das Glück der Liebe füreinander und lassen dann den Schmerz der Trennung zu ...? Meine Gedanken kreisen um meinen verstorbenen, großen Bruder.

Yathavan hat verschlafen. Spät kommt er dann doch noch mit den Pfannkuchen seiner Mutter. Und dazu eine Tüte erntefrischer Mandarinen. Er hat mitbekommen, dass ich die sehr gerne esse. Ich solle vorsichtig fahren. *»Drive carefully, my Dear«*, schreibt er auf WhatsApp und hofft auf ein Wiedersehen.

Der Verkehr in den indischen Städten ist unlogisch. Alle fahren gleichzeitig. Überall. Alle hupen. Würde jeder auf seiner Fahrspur bleiben, würde niemand auf der Fahrbahn einfach stehen bleiben, kämen alle schneller voran. Insbesondere den Trucks und den Überlandbussen scheint es eine riesige Freude zu machen, ihre melodischen Signalhörner einzusetzen. Manche Motorradfahrer sind Dauerhuper, und einige Inder mit großen Pkw hupen prophylaktisch, wenn irgendjemand vor ihnen auf der Straße fährt. Also immer. Na ja, jeder hat offensichtlich irgendwie einen Grund, seine Hupe zu betätigen.

Fußgänger sind das schwächste Glied. Die müssen sehr fit sein oder stoisch. Für Hunde wird nicht gebremst. Immer wieder sehe ich tote Hundekörper am Straßenrand. Anders die Kühe. Ich muss sagen, deutsche Kühe sehen etwas stumpf und blöde aus dagegen. Ganz anders die heiligen indischen Rinder: große Tiere, häufig in einem sanften Grauweiß mit großen, geschwungenen Hörnern. Sie lassen sich durch nichts aus der Ruhe bringen. Dicht an der stark befahrenen Straße, auf dem Mittelstreifen oder gar mitten im lauten, chaotisch fließenden Verkehrsgetümmel harren sie aus. Schauen mit ruhigen, wissenden, schönen großen Augen aufs menschliche Elend. Sie stehen bedeutungsvoll da. Als wollten sie sagen: »Ihr seid unerträglich. Aber ihr seid in großer Not. Wir bleiben in eurer Nähe.«

Nur noch selten lasse ich mich aus der Ruhe bringen. Versuche, nachvollziehbar zu fahren, nicht plötzlich zu bremsen oder die Spur zu wechseln. Bisher bin ich damit gut durchgekommen. Was Google.maps und Maps.me fabrizieren, ist allerdings fragwürdig. Das hilft mir oft nicht weiter bei der Suche nach dem besten Weg.

Ich bin in Agra angekommen. Zum zweiten Mal bin ich jetzt in engen, vollen Marktsträßchen hängen geblieben, obwohl die Unterkunft, zu der ich navigiere, noch kilometerweit entfernt ist. Das erste Mal in Jaipur. Zwischen Gemüsekarren und Obstständen, TukTuks und einer grinsenden Menschenmenge eingekeilt, musste ich mit dem Benz rückwärts wieder die Flucht ergreifen.

Das Gleiche heute wieder. Durch enge Marktstände, dichtes Menschengewimmel, zwischen Mopeds und Pferdefuhr-werken lande ich schließlich in einer Baustellensackgasse. Hin und her muss ich im losen Erdreich kurven, um unter den prüfenden Augen des männlichen Publikums wieder auf die Straße zurückzukommen. Da stimmt etwas nicht bei den Navigationssystemen, der kürzeste Weg ist in diesem Falle nicht immer der beste.

In Agra bin ich eher zufällig gelandet. Daher bin ich er-staunt, hier die Hinweisschilder zum Taj Mahal zu entdecken. Dem Taj Mahal! Da war ich gar nicht drauf vorbereitet. So habe ich mich am Abend blauäugig auf den Weg gemacht, die »Krone des Palastes« zu besuchen. Das Mausoleum ist ge-schlossen. Und auch am nächsten Tag, einem Freitag, wird es geschlossen bleiben. Beim Versuch, einen Parkplatz in der Nähe zu finden, verfahre ich mich wieder einmal dermaßen in den engen Gassen, dass ich befürchte, nie wieder hinaus-zukommen. Und auch hier steht eine Meute hämisch grin-sender, Selfies machender Inder um mich herum. Klar, wann bekommen sie sonst schon eine ältere Frau aus Deutschland zu sehen, die mit einem Benz durch das Labyrinth einer indi-schen Innenstadt kurvt? Und dennoch gibt es immer einen, der hilft. Der etwas zur Seite stellt, Platz schafft, der mich he-rauswinkt, mir aus der Patsche hilft. Danke!

Die Menschen sind gut.

Agra – View Point – Lakhnau (Indien)

Freitag, 13. Dezember

Am Morgen zieht Nebel über den Yamuna am Stadtrand von Agra. Auf der anderen Flussseite finde ich den View Point, von dort aus kann ich über den Fluss hin den Blick auf das wohl berühmteste Grabmal der Welt schweifen lassen. Wie ein Traum in Weiß schwebt dieses Liebesmonument in den Nebelschwaden. Mehr brauche ich nicht, um dieses große Kunstwerk gesehen zu haben. Lange lasse ich meine Gedanken in die Geschichte zurückschweifen. Fühle mich in die Zeit hinein, als der muslimische Großmogul Shah Jahan den Bau zum Gedenken an seine im Jahre 1631 bei der Geburt des vierzehnten Kindes verstorbene große Liebe Mumtaz Mahal erbauen ließ ...

In Lakhnau haben sie mir benutzte Bettlaken gegeben. Ich bemerke die Flecken erst, als ich frisch geduscht ins Bett steigen will. Dazu noch ein zu üppiges, fettiges Abendessen, der Ekel vor dem Dreck, der mich tagtäglich umgibt, und die Trauer um Achims Tod – all das hat dazu geführt, dass ich mich so richtig elend fühle.

Am Morgen ist mir kotzübel. Ich kann kaum atmen. Muss mich wieder hinlegen. Schweißbedeckt beginne ich zu frieren. Mir ist kalt.

Irgendwann zwinge ich mich dazu aufzustehen. Packe zitternd meinen Kram zusammen. Gebe dem aufdringlichen Kellner noch mal 200 Rupien, das sind umgerechnet 2,26 Euro, für das Omelette, das angeblich nicht im Frühstückspreis inbegriffen war und das ich wegen der Übelkeit nicht mal essen konnte. Mit schlotternden Knien fahre ich los.

Es ist schwer.

Aber was würde ich zu Hause machen? Sitzen und trauern.

Da ist es wohl besser, einfach weiterzufahren. Auch wenn der Verkehr nervt mit seiner chaotischen Sinnlosigkeit. Die Verkehrspolizisten tragen Stöcke aus Bambus bei sich. Wenn sie die einsetzen, tut es weh. Und das wissen die Menschen offensichtlich, denn alle halten Abstand zu den Polizisten. Sobald diese aber nicht mehr zu sehen sind, geht das Chaos wieder weiter. Dazu rotzende und urinierende Männer am Straßenrand. Kinder auf Müllkippen. Tote Hunde im Rinnstein. Kleine, tote, junge Hunde an den Rand der Straße gespült ...

Es ist schwer auszuhalten. Es ist schwülwarm, es stinkt nach verbranntem Müll. Nach dem Regen der letzten Tage riechen die blasenbildenen grünlichen Rinnsale noch erbärmlicher. Die unbefestigten Gassen zwischen den Wohngebieten lösen sich auf in Matsch und Dreck. Ich bin im Bundesstaat Uttar Pradesh in Indien. Ich fahre durch eine der bevölkerungsreichsten Gegenden der Welt. In dem Bundesstaat leben mehr als 200 Millionen Menschen. Und schätzungsweise 20 Millionen Kühe. Die Regierung hat ein Schlachtverbot für die heiligen Tiere erlassen, aber die versprochenen Gnadenhöfe fehlen weitgehend. Der Bundesstaat erlebt eine wahre Kuhplage. Sie sind überall: auf den Straßen, unter Brücken, vor Büros und Krankenhäusern. Die streunenden Tiere blockieren den Verkehr, verursachen Unfälle, verwüsten Felder und fressen Getreide, Zuckerrohr und Kartoffeln auf.

Lakhnau – Gorakhpur (Indien)

Samstag, 14. Dezember

Heute ist Achim beerdigt worden.

Mir ist immer noch übel. Seit zwei Tagen habe ich nichts Richtiges mehr gegessen. Konnte kaum Wasser trinken. Die Augen fallen mir zu beim Fahren. Draußen endloser Dreck, chaotischer Verkehr, Lärm, Menschen.

In der Stadt gerate ich versehentlich unter eine Stadtautobahnbrücke, die ich eigentlich überqueren hätte müssen. Bin links weitergefahren statt geradeaus hoch auf die Brücke. Es ist düster unter den Brückenpfeilern. Die schmale Straße wird enger und wandelt sich in eine Matschpiste. Rechts und links neben der Brücke stehen eng die heruntergekommenen Häuser, direkt an der Stadtautobahn. Dann sehe ich sie. Die Frau hockt auf dem Boden vor einem Feuer unter der Autobahn. Sie kocht. Sie kauert vor einer Unterkunft aus zerrissenen Bauplanen, zerbrochenen Wellblechplatten und Plastikplanen. In den letzten Tagen hat es immer wieder geregnet. Der Boden zwischen den Hütten, die hier unter der Autobahnbrücke an die eisernen Pfeiler geklebt sind, ist matschig. Überall liegt Müll. Hier leben die Menschen, die zur untersten Kaste der indischen Gesellschaft gehören.

Die indische Gesellschaft ist in vier Hauptkasten gegliedert. Priester und Geistliche gehören zur obersten Kaste, Krieger und Beamte zählen zur zweiten Kaste. Kaufmänner und Bauern zur dritten. Zur vierten, den Shudras, gehören Handwerker, Knechte und Dienstleister. Unter dieser dienenden Kaste stehen die Unberührbaren, die Harijans. Sie gelten als unrein und sind noch heute in vielen Bereichen vom gesellschaftlichen Leben ausgeschlossen. Sechzehn Prozent von mehr als einer Milliarde Inder gehören nach einer Volkszählung aus dem Jahre 2011 zu dieser Kaste. Die meisten der Unberührbaren leben in Armut. Das Kastensystem im Hinduismus wird begleitet von der Anschauung, dass alle Lebewesen in dieser in ständigem Entstehen und Vergehen begriffenen Welt eine Hierarchie des Seins bilden, die bei den Pflanzen beginnt und bei den höchsten Göttern endet. Die Kastenzugehörigkeit der Menschen beruht nicht auf Zufall, sondern ist gemäß den Lehren vom Kreislauf von Geburt, Tod und Wiedergeburt der individuellen Seele und von der Wirkung des Karmagesetzes durch die sittliche Weltordnung bedingt. Ich sehe diese Frau, die im Dreck auf dem schlammigen Boden hockt und auf dem kleinen Feuer das Essen für ihre Familie kocht.

Eigentlich gilt das Kastensystem durch die Verfassung von 1994 als abgeschafft; es bestimmt aber in großen Teilen weiter das gesellschaftliche Leben. Ich muss irgendwie mit dem Benz wieder hier herauskommen. Die Bewohner des Brückenslums werden auf mich aufmerksam. Ich habe hier nichts zu suchen. Mühsam bugsiere ich das Auto über die unbefestigte Piste und erreiche wieder die feste Straße. Dann fahre ich über die Brücke, unter der ich die Frau weiß, die dort hockt ...

Ich habe jeden gefragt, den ich erreichen konnte, Geschäftsinhaber, Passanten, die Polizei, bin im Dreck rumgelaufen. Jetzt ist es stockdunkel, und ich habe meine gebuchte Unterkunft immer noch nicht gefunden. Dann nach Stunden der sinnlosen Suche: Glück gehabt. Ich habe die Unterkunft storniert und bin jetzt in einem Bed & Breakfast gelandet. Endlich wieder eine warme Dusche. Endlich ein sauberes Bett. Aber auch hier: kein Fenster, kein Tageslicht.

Wenn ich irgendwo mit dem Benz stehen bleibe, um zu verschnaufen, kommen Männer angelaufen, starren hemmungslos ins Auto. Wenn ich draußen herumlaufe, nach einer Unterkunft oder einem Bankautomaten suche, werde ich angestarrt. Es ist schwierig. Die Männer kommen nicht allzu freundlich auf mich zu wie etwa im Iran oder in Pakistan. Die Inder wirken eher aggressiv. Die meisten. Immer wieder aber gibt es jemanden, der mich freundlich anspricht. Leider verstehe ich das Englisch, das sie hier sprechen, nur unzureichend. Indien ist schwierig.

Gorakhpur – Patna (Indien)

Sonntag, 15. Dezember

Heute Morgen auf dem Weg zu einem Bankautomaten liegt ein kleiner, neugeborener, toter Hund am Rand der Straße mitten in der Stadt. Niemand schafft ihn weg. Alte Männer und Kinder gehen zur Verrichtung ihrer Notdurft auf die Müllkippe am Straßenrand. Kühe lagern wiederkäuend auf den Müllhaufen. Sie suchen nach noch Verwertbarem. Alle paar Kilometer sehe ich Männer, die sich erleichtern. Nicht einen oder zwei am Tag. Hunderte. Der Strom der Menschen hört auch außerhalb der Stadt nicht auf. Die meisten sind zu Fuß unterwegs. Andere mit Fahrrädern. TukTuks. Kleinen Motorrädern. Wenige in Autos. Sie stehen, hocken und gehen überall. Manchmal arbeitet jemand. Nicht wirklich angestrengt. Eher lässig. Die Menschen hier leben mit dem Lärm, dem Dreck, dem Dauergehupe. Dem Staub. Den Abgasen. Den toten Hunden am Straßenrand.

Ein Arzt, den ich seit Langem kenne, reist einmal im Jahr zur Ayurveda-Reinigungskur nach Goa. Dort gibt er viel Geld aus für höchste Qualität an Behandlungen und ein Maximum an Entspannung und Ruhe. Tropische Vegetation. Paradiesische Strände. Ein anderes Indien.

Bihar. Vor dem Chaos habe ich mich für einen kurzen Moment in einen indischen Wald zu den Affen geflüchtet. Habe mein Frühstücksbrot an sie verfüttert. Nach Essen ist mir noch immer nicht.

»Es ist nicht unsere Aufgabe, einander näher zu kommen, so wenig wie Sonne und Mond zueinanderkommen, oder Meer und Land. Unser Ziel ist es, einander zu erkennen und im Anderen das zu sehen und ehren zu lernen, was er ist: des Anderen Gegenstück und Ergänzung«, das schreibt Hermann Hesse in »Narziss und Goldmund«. In meine Trauer um meinen Bruder hat eine mitfühlende Leserin meines Reiseblogs mir dieses Zitat gesandt. Der Abschied von Achim schmerzt.

Patna – Kishanzani (Indien)

Montag, 16. Dezember/Dienstag, 17. Dezember

Ich sitze im hoteleigenen Restaurant, wie so oft als einziger Gast.

Im vorderen Bereich schmücken sie für eine kleinere Gruppe, die ein Geburtstagsfest feiern will. Zwei Mädchen und ein Junge sind bereits eingetroffen. Der etwa siebenjährige Junge spielt am Handy, die Mädchen stehen am Spiegel und schmücken sich für das Fest. Alles normal, wie bei uns auch.

Ich komme mit den Kindern ins Gespräch. Berichte von meiner Reise. Der kleine Inder erschrickt, als ich erzähle, dass ich mit dem Auto durch Pakistan hierhergekommen sei.

»Das ist absolut gefährlich!«, erklärt er mit aufgerissenen Augen und mit ernster Stimme.

Auch die Mädchen werden neugierig und befragen mich. Sie sprechen alle gut und verständlich Englisch. Ich möchte wissen, was sie glücklich macht, und sie antworten:

»Dass wir bei unserer großen Familie sein können, macht uns glücklich.«

Das Hotel befindet sich im zweiten und dritten Stockwerk eines großen Möbel- und Ausstattungskomplexes.

Als ich gestern Nacht spät hier ankam, habe ich das Hotel kaum erkannt und wäre beinahe weitergefahren. Nach der über zwölfstündigen Fahrt und der endlosen Suche nach einer Unterkunft war ich völlig platt.

Noch mal zurück: Als ich vor Stunden in Kishanzani ankomme, scheitere ich auf der ganzen Linie. Keines der Hotels, die ich online buche, nimmt mich auf.

»Wir haben keine freien Zimmer«, lügen sie.

»Wir dürfen keine Ausländer aufnehmen«, erklären sie sichtlich verlegen.

Eine wüste Irrfahrt beginnt. Erst als mir ein mitleidiger Hotelangestellter das Möbelhaushotel nennt, komme ich spätabends unter. Dort werde ich gewarnt.

»Sollte ein Polizeibeamter vor Ihrer Zimmertür stehen, dürfen Sie nicht sagen, dass Sie bereits seit heute Nacht hier sind.«

Und tatsächlich steht am frühen Morgen der Polizist an der Tür, begleitet vom Rezeptionisten, der mich mit wilden Augen anfunkelt. Der Polizist will alles genau wissen: woher, wohin, wann, wie lange. Ich muss das Protokoll unterschreiben. Nach einem prüfenden Blick auf die Karte könnte es eine Erklärung für dieses seltsame Verhalten der Hotelangestellten und der Polizei geben: Ich befinde mich in einem Gebiet, das von Grenzen umgeben ist. Im Norden Nepal und Bhutan, im Süden Bangladesch. Die Aufnahme von Ausländern ist in Bihar offensichtlich nur geeigneten Hotels mit speziellen Zulassungen erlaubt. Und die Internet-Hotelportale sind darüber nicht informiert, zumindest bieten sie die Zimmer in sämtlichen Unterkünften an.

Ich gehe zu Fuß in die Stadt, das ist wesentlich angenehmer, als mit dem Benz durch die engen Marktsträßchen zu kurven. Ich finde ein Heft für meine Tagebucheinträge, das bisherige ist voll, und ich kaufe Lebensmittel für unterwegs.

Obwohl ich ein Tuch um meinen Kopf gewickelt habe, falle ich auf. Aber niemand belästigt mich, starrt mich an oder stellt Fragen. Ich kann wie alle anderen meine Einkäufe erledigen. Hier unter den Menschen im Marktgetümmel unterwegs zu sein, entspannt mich. Ich komme ein wenig mehr an. Im Supermarkt haben sie die Plastiktüten für die Ware eingewechselt gegen Filztüten. Da ist Indien offensichtlich weiter als wir in Deutschland.

Indien ist ein gewöhnungsbedürftiges Land. Smog von den unzähligen offenen Feuern aus Müll und Dung hängt in der Luft, zieht in Kleidung und Haare. Die Menschen kochen hier mit primitivsten Mitteln. Auf allem liegt eine graue Staubschicht. Unablässige Menschenfluten. Dauerhupen. Aggressives Gedränge auf den Straßen. Dass nicht ständig jemand überfahren wird, ist ein Wunder.

Nach einem weiteren Tag Pause werde ich weiterreisen durch den Korridor zwischen Nepal und Bangladesch in Richtung Myanmar.

Kishanzani – Alipur Duar (Indien)

Mittwoch, 18. Dezember

Durch Pakistan reisen ist gefährlich, sagte der indische Junge. Und das glaubte auch ich, bevor ich losgefahren bin in Nordhessen. Wir denken so über Pakistan. Ein Land voll des Terrors, überall Taliban, Teilreisewarnungen des Auswärtigen Amtes tun ein Übriges.

Es ist anders. Pakistan ist ein Land im Aufschwung. Viele sind westlich orientiert. Auch Muslime. Sie sind weltoffen. Voll neuer, guter Ideen. Pakistan ist anders.

Und jetzt Indien. Ein Land mit Überbevölkerung. Kastenwesen. Vergewaltigungen. Müll und Elend. So kennen wir es aus den Medien. Aber auch ein Land voller Überraschungen und sympathischer Menschen.

Ich kaufe von einer Marktfrau an der Straße Mandarinen. Sofort umgibt uns ein Männerauflauf. Einer der jungen Männer will ihr erklären, was ich will und was sie also tun soll.

Die ältere Frau sitzt auf der Erde. Einen kleinen Berg Mandarinen vor sich zum Verkauf. Das ist alles, was sie hat. Nichts sonst. Ich habe mich zu ihr hinuntergehockt, bin am Verhandeln.

Die Händlerin schaut zu dem Mann hoch. Mit einem unbeschreiblichen Blick. Ich verstehe diesen Blick sofort. Er sagt: Was willst du? Die Kundin will Mandarinen. Ich habe nichts anderes. Ich habe Mandarinen. Der junge Welterklärer geht beschämt zur Seite.

Ich liebe solche Situationen. Ich mag die Haltung der Händlerin und zeige ihr meine Hochachtung.

Wenig später holt ein Biker auf, der eine Zeit lang hinter mir fährt. Jetzt ist er auf gleicher Höhe neben mir. Schaut zu mir ins Auto. Grinst und zeigt den Daumen hoch! Dann nickt er anerkennend. Wir grüßen uns. Was für eine Freude, wenn jemand dich anerkennt!

In dem Falle sieht er: Die kommt aus Deutschland, mit dieser Karre ...? Fährt hier einfach durch Indien? Klasse!

Die Landschaft hat sich inzwischen komplett verändert. Ebenso wie die Menschen und die Stimmung. Ich reise im Korridor zwischen Nepal, Bhutan im Norden und Bangladesch im Süden. Ein schmaler Durchlass nach Westbengalen, immer noch Indien. Grenzen überall. Aber auch Natur rechts und links der Straße. Bambushaine, Teeplantagen, Urwald, Flüsse. Und vor allem: sehr viel weniger Menschen, je weiter ich gen Osten fahre. Und schon sind alle entspannter, es wird weniger gehupt, kaum gedrängelt. Die Menschen sehen anders aus. Die Frauen sind nicht mehr knallbunt, eher unauffällig gekleidet. Ruhigere Farben. Grau, Braun, manchmal Grün, selten Rot. Sie tragen einfache Röcke, darüber lange Blusen. Weniger Hektik. Die Gesichter mehr asiatisch als indisch. Ein anderes Braun. Heller. Alles ist grün. Freundlicher. Aber Müllfeuer gibt es auch hier. Es stinkt süßlich nach geschmolzenem Plastik und Dung.

Bei einer Pause bin ich in Scheiße getreten. Den beschmutzten Schuh will ich an einem Kanal mit Wasser reinigen. Da setzt sich ein wenig bekleideter Inder hinter mir auf die Stufen zum Wasser. Er wartet darauf, dass ich Platz mache. Nachdem ich aufgestanden bin, geht er die Treppe weiter zum nicht wirklich sauberen Kanalwasser hinunter und wäscht seinen nackten Körper in den träge dahinfließenden Fluten.

Heute ist alles leicht. Das Fahren macht Spaß. Wenn wir alle Teile eines Ganzen sind, uns alle in Einem wiederfinden ... Wenn wir aufgehoben sind und uns wiederfinden in einer einzigen großen Liebesenergie ... Könnten wir dann gleich damit beginnen, glücklich zu sein?

Ich bin glücklich. Ich könnte immer so weiterfahren.

Alipur Duar – Guwahati (Indien)

Donnerstag, 19. Dezember

Und wieder gibt es kein Internet. Meine indische SIM-Karte gibt kein Netz mehr her. Glücklicherweise habe ich die Straßenkarten bereits zuvor runtergeladen, so kann ich jetzt Maps me offline nutzen. In der Unterkunft dann schließlich auch kein WLAN mehr. Den Weg zum Hotel muss ich erst erfragen. Ich suche Rat in einem Handyladen. Die Mitarbeiter dort warnen mich, das Internet sei aufgrund von Protesten ausgeschaltet. Die Regierung will Demonstrationen gegen die Änderung des Staatsbürgerschaftsrechts verhindern. Ein erfolgreiches Mittel, um die Kommunikation von Widerständlern zu unterbinden. Ich kenne es bereits aus dem Iran. Jetzt in Indien dasselbe Prozedere. Die Menschen gehen hier in Assam auf die Straßen, weil sie gegen die Einbürgerung illegal eingewanderter Bangladeschis sind. »Assam ist keine Müllhalde für illegale Einwanderer aus Bangladesch«, sagen sie. Assam liegt an der Grenze zu Bangladesch und hat seit Jahrzehnten mit illegaler Einwanderung zu kämpfen.

Auch wenn mir die Haltung der Gegner der Gesetzesänderung nicht sympathisch erscheint, wäre es doch besser, mit den Menschen über ihre Befürchtungen zu sprechen. Durch das diktatorische Abschalten des Internets macht man sie nur noch wütender.

Ich reise im Tal des Brahmaputra. Würde ich hier geradeaus weiter gen Osten fahren, käme ich nach China, in den Bundesstaat Sichuan. Dort hatte ich vor ein paar Jahren mit meinem Sohn Phil viel Spaß bei einem Sichuan-Feuertopf-Essen. Wir waren damals auf eigene Faust in Südchina unterwegs in öffentlichen Verkehrsmitteln. Abenteuer pur!

Ich fahre über die alte Saraighat-Brücke. Überquere den Brahmaputra im Bundesstaat Assam. Eine endlos scheinende Querung über die sedimentreichen braunen Fluten, die Länge der Brücke beträgt 1492 Meter. Es ist eine der schmalsten Stellen des Flusses, der ansonsten in vielen Nebenflüssen mäandert. Dieser riesige Strom, der als einer der längsten Flüsse der Erde gilt, entspringt auf 5750 Metern im Himalaya in Tibet. Der Lauf ist oft schwer zugänglich und unwegsam. Hier bei Guwahati wird der Fluss in Regenzeiten bis zu 15 Kilometer breit. Das Gebiet liegt im Bundesstaat Assam, der mit 31,2 Millionen Menschen dicht bevölkert und nur durch einen schmalen Korridor mit dem restlichen Indien verbunden ist.

Guwahati – Diampur – Noune Resort (Indien)

Freitag, 20. Dezember/Samstag, 21. Dezember

Immer wieder rammen TukTuks, Fahrradrikschas oder Lkw gegen meinen rechten Außenspiegel. Mehrfach wird er aus der Verankerung gerissen. Mit viel Gefühl kann ich ihn immer wieder einrenken.

Das Noune Resort, in dem ich heute Nacht schlafen möchte, soll laut meines Navi genau hier liegen, an einer staubigen Straße mitten im Nirgendwo. Aber da ist es nicht.

Ich suche. Fahre weiter. Suche. Mein Navi dreht durch. Schickt mich vor und zurück und hin und her. Ich bin fix und fertig, jenseits von Aufregung und Stress.

Es ist dunkel. Stockdunkel. Nach zweiundzwanzig Uhr. Die Scheinwerfer sind matt vor Staub. Durch den aufgewühlten Sand kann ich die Straße kaum noch erkennen. Ich krache in jedes Schlagloch. Zu kaputt, um noch auszuweichen. Ich halte am Rande der Piste an. Die Lkw rumpeln unmittelbar neben mir weiter durch die Löcher. Staub. Ein Lkw nach dem anderen, seit Stunden. Alles ist staubbedeckt. Ich bin seit zwölf Stunden unterwegs. Links neben der Dreckpiste schroffe Bergwände. Rechts Abgrund. Felsen. Staub. Seit Stunden. Kein Ort. Keine Tankstelle. Ab und zu kleine Müllfeuer, an denen sich die Fahrer aus den schrottreifen Lkw wärmen. Die Nacht in den Bergen ist kalt.

Ich habe nicht einmal mehr Angst. Angst davor, dass im nächsten Schlagloch die Achse meines Benz brechen könnte. Oder dass ich die Nacht mit den indischen Fahrern an der Piste an einem Müllfeuer verbringen muss.

Ich steige aus. Staub. Stille. Absolute Stille.

Plötzlich höre ich ein motorisiertes Zweirad. Da kommt tatsächlich kein Lkw, sondern ein Moped mit Fahrer und Sozius. Ich winke wie verrückt, und sie halten an. Ich bitte den Sozius, die Unterkunft anzurufen, in der ich heute Nacht gebucht habe. Er ruft an, und der Inhaber geht tatsächlich ans Telefon. Er erklärt dem Sozius, wo das Hotel ist, wo die Abfahrt von der Piste sei. Hm ... ich solle ein Stück zurück in Richtung Berg fahren, dort würde ein Abzweig kommen.

Die beiden fahren weiter in die Dunkelheit und sind verschwunden.

Ich wende, fahre zurück. Nichts. Ich bleibe am Rand der Piste an einer Parkfläche für Lkw stehen. Rufe die Unterkunft noch einmal an. Der Inhaber spricht ein wenig Englisch. Schließlich willigt er ein, mich dort, wo ich jetzt bin, aufzugreifen und ins Hotel zu dirigieren. Ich solle unbedingt stehen bleiben und warten.

Nach einer halben Stunde kommt der Inhaber. Ich folge seinem Pick-up ins Dunkel der indischen Nacht. Wir sind auf kleinen und kleinsten Schotterpisten im Hinterland unterwegs, und erreichen nach einer halben Stunde das Resort. Es ist kurz vor Mitternacht.

Was sich jetzt vor mir abspielt, ist unfassbar. Ich traue meinen Augen kaum. Das Resort liegt in einem mit hohen Mauern umgebenen, sehr gepflegten Areal. Palmen und blühende Büsche rahmen einen Platz ein, der mit Tausenden Lämpchen einer Lichterkette, die auf kleinen Büschen drapiert wurde, beleuchtet ist. Ich sehe im Dunkeln einige kleine Pavillons am Rande aufgereiht stehen, in einen von ihnen führt mich der Inhaber. Er schließt die Türe auf, über der ein schön gestalteter, großer, weihnachtlicher Kranz den Besucher willkommen heißt. Morgen würden wir die Anmeldung machen, ich solle erst mal ankommen und mich ausruhen. Sagt er und wünscht mir eine gute Nacht. Dann lässt er mich allein.

Ich trete ein und schließe die Türe hinter mir. Die plötzliche Stille dröhnt in meinen Ohren. Ich schließe die Augen. Atme durch. Und versuche anzukommen. Im Vorraum des Pavillons edle Ausstattung, eine Sitzgarnitur, Ablagen für Jacken, Koffer. Der Wohnraum ist ein hoher, mit Holz getäfelter Kuppelbau, in dessen Mitte ein breites Bett steht, ausgestattet mit edler weißer Bettwäsche. Auf einem eleganten Sekretär Wasser und Informationen über das Resort. Im Bad glänzt und duftet alles sauber und angenehm.

Ich bin verwirrt. Ich bin an einem Ort absoluter Vollkommenheit inmitten des Höllenwahnsinns der indischen Pisten angekommen. Ich kann es kaum glauben. Dann entdecke ich eine weitere Tür. Ich mache das Licht aus, damit keine Mücken eindringen, und öffne vorsichtig diese Türe.

Vor mir ein schmaler Balkon. Ich trete an das Geländer. Draußen ist es stockdunkel. Aber ich höre in dieser Dunkelheit Wassertropfen in Wasser fallen ... glucksendes Wasser. Die Nachtluft ist mild. Neben dem Pavillon steht eine große Palme. Von ihren Blättern tropft sanft der nächtliche Tau in einen See.

Bald gehe ich schlafen, aber früh am Morgen, noch vor Sonnenaufgang trete ich wieder auf den Balkon, um zu sehen, was sich dort befindet. Vor mir, direkt unter dem Balkon, breitet sich mitten im Urwald ein großer See aus. Seine silberne Oberfläche liegt ruhig im Morgenlicht. Ich träume ... sanfte Nebel steigen über dem Wasser auf, Fische springen nach Mücken. Die ersten Vögel zwitschern im dichten Grün. Ein Paradies.

Wenn einmal der Staub der Höllenpiste abgeschüttelt ist, kommt der Zauber Indiens zum Vorschein.

Ich träume ...

Zwei Tage bleibe ich hier in Nagaland, erhole mich vom Staub, lasse den Benz putzen, wandere durch den Dschungel und erlebe ein Indien, wie ich es bisher noch nicht gesehen habe. Hinter den Mauern des Resorts liegen kleine Dörfchen mitten im Regenwald. Die Menschen leben offenbar von dem, was sie anbauen, und vom Fischen im See und vom Jagen in den Tiefen des Dschungels. Es sind Naga, eine Gruppe von indigenen Völkern des indischen Nordostens. Sie werden zu den Stammesvölkern Indiens gezählt, denen besondere Rechte zukommen. Diese Rechte werden als »*scheduled tribes*« bezeichnet, für diesen schwächeren Teil der Bevölkerung. Sie erhalten staatliche Wohlfahrts- und Förderprogramme, Sonderrechte und teilweise eine autonome Selbstverwaltung, um die vorlandwirtschaftliche Lebensweise zu schützen. Wenige Schritte hinein in den Dschungel habe ich mich gewagt, dann ziehe ich mich, mit Kletten behangen und zerkratzt, wieder zurück aus dem unergründlichen, morastigen Grün. Überlasse den Dschungel den wilden Tieren.

Noune Resort – Diampur – Imphal (Indien)

Sonntag, 22. Dezember

Schalten, kuppeln, bremsen, zehn, elf Stunden, bis in die Nacht. Dann sind wieder 300 Kilometer geschafft. Meist im zweiten Gang, höchstens 30, maximal 40 Stundenkilometer. Mehr geht nicht auf der Piste in den Bergen im Nagaland. Staub, so weit das Auge reicht ... Heute hat der Benz definitiv gelitten. Beim ständigen Bergauf und Bergab und Schalten und Bremsen ist der Motor überhitzt. Das Kühlwasser kocht, und das Motoröl ist verdampft. Der Motor macht schlapp. Geht einfach aus. Ich bleibe am Hang einer engen Gasse in einem Bergdörfchen hängen, und sofort liegt ein Stein hinterm linken Hinterrad. Ein aufmerksamer Passant hat bemerkt, wo das Problem liegt, so kann der Benz nicht unkontrolliert bergab rollen.

Ich stehe mitten auf der Gasse, der Gegenverkehr muss sich mühselig an mir vorbeiquetschen. Keiner hupt, keiner nervt. Aus den Häusern kommen Leute mit Wasserflaschen angelaufen. Ich öffne vorsichtig den Kühlwasserdeckel, und der Rest der kochenden rosafarbenen Brühe schießt in einer

Fontäne heraus. Irgendwann geht es weiter, der Motor ist etwas abgekühlt. Allerdings geht der Benz immer wieder aus. Ich rolle ohne Motor vor eine Polizeistation. Bleibe endgültig stehen. Nebenan ist ein Taxiplatz. Dort bitte ich einen Taxifahrer, mir Öl von einer Tankstelle zu bringen. Er fährt los. Mit den aufgeregten Verkehrspolizisten warte ich auf seine Rückkehr. Sie laden mich ein in ihr Kabuff, das von einem kleinen Gasofen überhitzt ist, schenken mir Tee ein und freuen sich über die Abwechslung. Sie erlauben mir, hier bei ihnen zu warten, bis der Taxifahrer wieder zurückkommt. Als alles eingefüllt und bezahlt ist und ich mich tausendmal bedankt habe, fahre ich weiter. In niedrigen Gängen geht der Benz allerdings trotz des nachgefüllten Öls und Kühlwassers immer wieder aus. Seit Tagen lässt zudem die Bremswirkung nach. Also fahre ich behutsam, schalte die Gänge runter und vermeide das Bremsen. In einem kleineren Ort in den Bergen überhole ich einen langsam fahrenden Lkw vor mir. Plötzlich kommt ein anderer uns entgegen. Ich steige aufs Bremspedal, um hinter dem Lkw zu bleiben. Doch ich trete ins Leere. Der Platz zwischen den beiden Lkw reicht nicht, das sehe ich sofort. Das Unheil kommt auf mich zu, ohne dass ich es verhindern kann. Mit einem Riesenknall kracht der entgegenkommende Lkw gegen meinen bereits lädierten rechten Außenspiegel. Ich lasse den Benz ausrollen, halte an und steige aus. Der Spiegel hängt zwar noch an seiner elektrischen Verkabelung, aber die Platte, mit der er mit dem Benz verbunden war, ist gebrochen.

Hinter mir grummelt der Lkw-Fahrer. Ich zeige auf den zerbrochenen Spiegel und bedeute ihm, dass, egal was an seinem Lastwagen kaputt sei, bei mir der größere Schaden entstanden ist. Das reicht, damit er verschwindet.

Leute kommen und erklären mir, dass weiter unten am Berg eine Werkstatt sei.

So fahre ich mit dem gegen die Karosserie hin und her schlenkernden Spiegel weiter. Die kleine Werkstatt ist geschlossen. Langsam wird es dunkel. Da hält ein Mann mit einem Pick-up-Truck. Nachdem er sieht, was passiert ist, beginnt er ohne viele Worte, seinen Werkzeugkasten auszupacken. Er versucht, das abgebrochene Plastikteil mit Schnellkleber wieder zu befestigen. Nachdem dies misslingt, findet er im rumliegenden Müll ein robustes Gummiband und windet es so geschickt um die Resthalterung, dass der Spiegel sich wieder festgezurrt an seinem Platz befindet. Ich bedanke mich herzlich bei dem Helfer mit einem Geldschein und setze die Fahrt in der Dämmerung fort. Es geht bergab. Die Bremse ist endgültig tot. Langsam fahre ich Kurve um Kurve bergab. Ein mulmiges Gefühl. Heute wollte ich eigentlich noch Moreh erreichen. Das sind über 100 Kilometer und noch mindestens drei Stunden durch die nächtlichen Berge. Das ist nicht zu schaffen. Ich suche also in Imphal, dem nächsten größeren Ort, ein Hotel und bleibe die Nacht über dort. Ohne Bremse ein Auto zum Stehen zu bringen, ist einfach. Man trifft eine Entscheidung, schaltet langsam die Gänge herunter, und sucht vorausschauend einen Halteplatz. Sinnvollerweise an einer leichten Steigung ... Frank, der Freund meines älteren Sohnes Imo, der Kfz-Mechaniker gelernt hat und sich mit Autos auskennt, antwortet auf meine besorgten Fragen in WhatsApp: »Prüfe mal die Bremsflüssigkeit! Da könnte etwas undicht sein.« O. k., mache ich morgen. Erst mal ausruhen.

Imphal – Moreh (Indien)

Montag, 23. Dezember

Höllentour! Wäre ich gestern Nacht noch weitergefahren mit dem Benz ohne Bremsen, wäre das Auto heute Schrott und ich bestenfalls im Krankenhaus. Engpässe, Kurven, Steilhänge, Schotter, Schlaglöcher.

Es ist früh am Morgen. Ich bin in Imphal und suche nach einer Werkstatt. An der Hauptstraße werde ich fündig. Zwei Jungs sitzen in der Bude auf dem staubigen Boden. Reinigen Autoteile in Ölwannen. Ich spreche sie an.

»Draußen steht mein Mercedes. Die Bremsen funktionieren nicht mehr.«

Sie gucken mich nicht an. Baden weiter die Metallteile in Öl. Als wäre ich gar nicht da.

»Ich bin mit einem Auto unterwegs und brauche Ihre Hilfe«, insistiere ich.

Ich hocke mich zu ihnen auf den benzin- und ölgetränkten, offenen Erdboden. Bleibe dort einfach hocken. Ich habe keine Wahl. Irgendwann steht einer von ihnen gemächlich auf. Und ich weiß, ich habe gewonnen!

Ich zeige ihm den Benz, öffne die Motorhaube, deute auf den leeren Bremsflüssigkeitsbehälter. Jetzt kommt auch der Kollege angeschlendert, und ich bin mir sicher, wenn sie jetzt nicht weggehen, ist der Benz schon halb repariert.

Als Frau bin ich nicht die richtige Gesprächspartnerin für sie, das ist mir klar. Einfach, weil ich eine Frau bin. Frauen tauchen hier nicht auf in einer Werkstatt. Das ist Männersache. Aber für eine Geschlechtsumwandlung fehlt mir jetzt die Zeit. Ein weiterer Mann kommt dazu. Er spricht Englisch. Noch einmal erkläre ich das Problem, zeige auf die Bremse, den Behälter für die Bremsflüssigkeit und mache deutlich, dass ich mit diesem Auto weiterreisen muss.

Sie füllen Flüssigkeit in den Behälter für die Bremse. Am vorderen linken Reifen tropft das Zeug ungehindert auf die Straße. Die Jungs schrauben den Reifen ab. Und jetzt wird das Problem sichtbar: Die Bremsleitung ist gebrochen. Der Bremszylinder arbeitet nicht mehr, baut keinen hydraulischen Druck mehr auf, die Bremsflüssigkeit läuft direkt raus. Die Männer debattieren, ich filme währenddessen die Szene. Ich kann ihre verwunderten Blicke irgendwie verstehen. Eine Frau, die behauptet, mit ihrem alten Auto die ganze Strecke von Deutschland nach Nordindien gefahren zu sein – und nun die Reparaturversuche am Straßenrand filmt? *Very strange indeed.*

Nach einer Weile erklären sie mir, dass ich hier nirgendwo passenden Ersatz bekomme. Sie könnten das defekte Teil ausbauen oder so abklemmen, dass die Flüssigkeit nicht mehr auslaufen kann. Das könnte funktionieren. Nachteil: Dann bremsen nur noch drei Räder, aber das würde ausreichen, meinen die jungen Mechaniker. Kann das klappen? Oder würde ich mich damit offenen Auges in Lebensgefahr bringen?

»Bremsen werden überbewertet«, erklärt mein Sohn Phil dazu, als ich ihm die Lage später per WhatsApp schildere. Und auch Frank meint, drei bremsende Räder reichen.

Mitten an der stark befahrenen Ausfallstraße, die eher einer Baustelle gleicht als einem städtischen Verkehrsweg, machen sich die Männer an die Arbeit. Im Staub, der durch die Busse und Lkw aufgewirbelt wird, kann ich das Geschehen mitunter kaum mehr ausmachen. Nach etwa einer halben Stunde ist es geschafft. Der Behälter verliert keine Flüssigkeit mehr. Sie ziehen den Reifen wieder auf. Sie wollen kein Geld von mir nehmen. Ich stecke einem von ihnen 2000 Rupien in die Tasche, das sind umgerechnet 25 Euro, es handelt sich vermutlich um den höchsten Lohn, den sie heute bekommen.

Ich bin voller Hochachtung für diese jungen indischen Kfz-Mechaniker, auch wenn sie mich am Anfang behandelt haben, als wäre ich Luft. Mit einer ausländischen Frau als Gegenüber und an einem für sie unbekannten und aus ihrer Sicht teuren Auto eine solche Arbeit durchzuführen, war für sie sicher eine Herausforderung. Bei aller Anstrengung sind sie vollkommen cool und höflich geblieben. Sie haben einfach nicht aufgegeben. Alles darangesetzt, dass ich meine Reise fortsetzen kann. Mit vereinten Kräften haben die Jungs vom »Car Workshop« das technische Problem gelöst.

Ich fahre weiter.

Weiter auf der Höllenpiste.

Kuppeln, Schalten, Bremsen, im Stop-and-go-Verkehr säuft der Benz bei niedrigen Umdrehungen ständig ab. Zum Glück halten die Bremsen, obwohl die Bremsbeläge langsam, aber sicher an ihre Grenzen geraten, wie ich an den immer grässlicher klingenden Ächz- und Quietschgeräuschen erkenne. Ich erreiche das Grenzgebiet zu Myanmar bei Moreh. Phil und Frank hatten recht. Die Bremsen reichen.

In Moreh besorge ich mir sogleich die passende SIM-Karte für Myanmar. Ich schlendere durch den Ort. An einem Markt bleibe ich stehen, trete ein in die Budenstadt. Es scheint ein Markt von Frauen für Frauen zu sein. Männer sind so gut wie nicht zu sehen. An vielen kleinen Ständen gibt es frischen Fisch, Obst und Gemüse. Stoffe und Kleidung. Und leckeres Essen für sehr wenig Geld. Die Frauen kochen es direkt auf dem Markt. Nudeln mit Erdnüssen, gerösteten Azukibohnen, Gemüse, gebackene Kartoffelpuffer und Kaffee. 0,25 Euro habe ich dafür bezahlt.

Mein Myanmar-Guide hat sich gemeldet. Er ist morgen um neun Uhr an der Moreh Border. Ich bin gespannt auf dieses neue Land und hoffe, dass es weniger anstrengend wird für mich als Indien und Pakistan. Nach allem, was ich gehört habe, muss Myanmar ganz anders sein als Nordindien – grüner, leerer, entspannter. Hoffentlich stimmt das auch. Und ich hoffe, dass mein guter alter Benz noch eine Weile durchhält.

Moreh (Indien) – Grenze – Kale (Myanmar)

Dienstag, 24. Dezember

Was für ein Unterschied!

Indien: Menschen, Menschen, Menschen. Müll. Hektik. Staub. Kaum Natur.

Myanmar: Grün. Grün. Grün.

Selten habe ich erlebt, dass sich nach einer Landesgrenze so viel verändert.

Ich sehe völlig andere Menschen als in Indien. Stolze, entspannte Menschen. Angenehm gestaltete Grundstücke mit sauberen Vorgärten, Zäunchen, Blumen. Es sieht fast so ordentlich aus wie bei uns zu Hause in Nordhessen, nur mit tropischen Pflanzen. Kaum noch Smog, Staub oder Dunst.

Es ist warm und trocken. 27 Grad. In Indien lag die Temperatur beinahe fünf Grad niedriger.

Ich reise durch Myanmar. Die Grenze ist geschafft. Sechs Tage werde ich durch dieses Land fahren. Neben mir im Benz sitzt Su Moon, mein Guide. Ein etwa fünfunddreißig Jahre alter, massiger Myanmari mit gestreiftem Stoffrock. Wie er so neben mir im Benz thront, wirkt er wie eine lebendig gewordene Buddha-Figur. An der Grenze habe ich ihn aufgegabelt. Etwas verwirrt fragte er: »Wo warst du denn?« Er hatte mich auch bereits über WhatsApp gesucht. »Die Grenzer haben mir gesagt, dass du bereits hier durchgefahren bist?«

Aber noch mal zurück nach Indien ...

Ich fahre früh um acht Uhr frohgemut Richtung Grenze. Biege über die eiserne Brücke nach links ab, vorbei an einigen bewaffneten Militärs, alles gut, niemand hält mich an, also fahre ich weiter. Plötzlich scheint Rechtsverkehr zu sein ... In Indien wird links gefahren. Ich komme in einen Ort, ohne von Grenzposten aufgehalten und kontrolliert zu werden. Ist das etwa schon Myanmar? Seltsam ... wo ist die Grenze? Und wo ist mein Guide?

Ich halte an und sehe hinter mir einen bewaffneten Motorradfahrer heranbrausen. Irgendwas ist nicht in Ordnung. Er winkt zu mir herüber. Ich ahne, dass ich offensichtlich die Grenze zwischen Indien und Myanmar passiert habe, ohne irgendwelche Formalitäten einzuhalten. Wie konnte denn das passieren?

Hinter dem Motorrad fahre ich zurück an die Brücke. Dort erklärt man mir, dass ich, bevor ich in Myanmar einreise, zuerst offiziell aus Indien ausreisen muss.

»Und wo mache ich das?«, frage ich etwas irritiert.

Die Militärs weisen über die Brücke und weiter den Berg hoch. Also fahre ich zurück. Wieder nach Indien. Es herrscht wieder Linksverkehr. Oben am Berg sehe ich eine große Station für Ein- und Ausreise. Das war nirgendwo ausgeschildert, woher hätte ich das wissen sollen? Auf dem Parkplatz ein Motorrad. Eine Kawasaki mit australischem Kennzeichen.

Drinnen begegne ich Hannes und Birgit, zwei Weltenbummlern, seit Langem unterwegs, jetzt Richtung Europa mit dem Bike. Dass sie Deutsche sind, erkenne ich sofort. Unser mitteleuropäisches Standardgesicht, die helle Haut. Wie sie sich ordentlich am Schalter anstellen, ihre Papiere bereithalten, an ihrem kantigen Englisch, ja, das ist typisch für uns Deutsche. Wir tauschen uns aus, und die Einreiseformalitäten sind für mein Gefühl viel zu schnell erledigt. Hannes und Birgit sind schon so lange unterwegs, sie können sich nicht mehr vorstellen, irgendwann für immer nach Deutschland zurückzukehren. Wir umarmen uns zum Abschied. Wünschen uns eine gute Weiterreise: »Allzeit gute Fahrt!«

Es fühlt sich zwar nicht so an, aber heute ist Heiligabend. Draußen spielt burmesische Musik. Es ist warm. Trocken. Bereits um neun Uhr morgens 26 Grad. Wir sind fünfeinhalb Stunden vor der deutschen Zeit. Noch schlafen alle zu Hause. Die dunkle, trübe Winterzeit in Deutschland vermisse ich nicht. Hier braucht man keine Kerzen. Jeden Tag scheint die Sonne. Alles ist grün. Es sieht aus wie in einem Gewächshaus. Hier sprießen Pflanzen, die bei uns nur in der Stube gedeihen. Die Holzhäuser sind offen gebaut, ohne Scheiben in den Fenstern, oft auch ohne Türen. Hütten auf Stelzen. Überall Tiere, Kinder, Frauen. Alles ist entspannt. Was für ein anderes Leben!

Ich habe andere Fernreisende kennengelernt. Interessante Menschen getroffen. Brüder und Schwestern im Geiste. So viele Eindrücke. Gerüche. Geräusche. Es könnte immer so weitergehen. Bisschen Elisenlebkuchen, ein Glas Trollinger mit Lemberger, ein halbtrockener Bio-Rotwein aus den Steillagen bei Besigheim in Württemberg, meiner Heimat, wäre jetzt nicht schlecht.

Nach dem deutschen Weihnachten aber sehne ich mich nicht.

Obwohl Weihnachten sehr wichtig ist in unserer Familie. Manchmal war ich an den Weihnachtsfeiertagen bei meinem Bruder und seiner Familie. Einmal lud er mich zu einer Wanderung ein. Wir zogen durch den bergigen Knüllwald, in Begleitung eines Schafes. Das Tier wurde von seiner Herde nicht angenommen und schloss sich, auch wegen der liebevollen Pflege meiner Schwägerin, den Menschen an.

Zu Hause gestalten wir wie immer das Fest. Ein großer Tannenbaum, Kerzen, Kugeln, Christbaumschmuck und natürlich auf der Decke unter dem Baum Geschenke. Wir essen zusammen, gehen in die Kirche, wenn es passt. In Thurnhosbach bleiben die Kirchenbesucher zusammen mit dem Pfarrer an Weihnachten vor der Kirche stehen und wünschen sich gegenseitig ein frohes Fest. Das ist sehr berührend und kann eine Dorfgemeinschaft zusammenschmieden.

Im Jahr 1975 habe ich Weihnachten in Casablanca verbracht. Da war ich dreizehn Monate lang in Marokko. Eine meiner längsten Abenteuerreisen bisher. Wenn ich unterwegs bin, ereignen sich so viele eindrucksvolle Szenen, dass ich kaum Zeit habe, mich nach gewohnten Ritualen zu sehnen. Aber klar, die Lichterketten und Plastikweihnachtsbäume, die in Asien aufgebaut werden, erinnern mich an zu Hause, und einen kurzen Moment lang glaube ich, es duftet nach Zimtsternen und Tannengrün.

Kale – Gangaw in der Magway Division (Myanmar)

Mittwoch, 25. Dezember

Immer wieder geht der Benz aus. Mein Guide und ich kommen kaum mehr weiter. Wir suchen eine Werkstatt und finden außerhalb des Ortes einen kleinen Familienbetrieb. Der Guide erklärt den beiden sehr jungen Mechanikern das Problem. Sie glauben, dass der Benzinfilter verdreckt sein könnte. Auch den Luftfilter reinigen sie. Sie hocken dabei auf der geöffneten Motorhaube, ihre Füße sind nackt, sie stützen sich mit den Zehen auf den Motoraggregaten ab, geben einander leise, kurze Anweisungen, arbeiten beinahe wortlos zusammen. Schließlich reinigen sie noch den Luftmengenmesser-Sensor. Alles war übel verstaubt. Dann starte ich den Benz. Er läuft! Ohne Probleme! Großartig, mit welcher Ruhe und Achtsamkeit die Burschen ihre Arbeit gemacht haben.

Das Auto fährt wie neu! Drei bremsende Räder. Ein angebundener Außenspiegel. Alle Filter vom Staub befreit. Alles gut.

Mein Guide und ich reisen gemeinsam weiter. Su Moon isst die meiste Zeit Chips oder schläft. Wir wachsen langsam zu einem eingespielten Team zusammen. Nahe der Grenze führen alte Brücken aus Teakholz-Bohlen über kleine Bäche und Gräben. Sehr schmal. Sehr holprig. Scheinbar sehr unzuverlässig. Wenn man darauf fährt, rumpelt und rattert es bedenklich unter den Reifen. Mein Guide beruhigt mich:

»Seit vielen Jahren fahren da Busse und schwer beladene Lkw darüber.« Und er fügt grinsend hinzu: »Da kommst du mit deinem alten Benz allemal durch.«

So wächst das Vertrauen in diese Fahrgemeinschaft, und tatsächlich, alle Brücken halten.

Neue Infos im Chat schockieren mich! Ich muss, wenn ich durch Thailand mit eigenem Fahrzeug reisen möchte, zwingend auch dort einen Guide buchen. Damit hätte ich nicht gerechnet. Ich kenne Thailand von früheren Reisen und hatte den Eindruck, dass dort alles recht unkompliziert und modern ist, dass man an westliche Touristen gewöhnt ist und sie ohne Probleme im Land herumfahren lässt, sei es mit dem Mietwagen, dem Motorrad oder dem eigenen Auto.

In Myanmar sind es politische Hintergründe oder Sicherheitsaspekte, die einen Guide für Individualreisende erforderlich machen. Myanmar, das frühere Burma, steckt mitten in schwierigen innenpolitischen Auseinandersetzungen. In den Bundesstaaten Kachin und Shan, die für Touristen gesperrt sind, kann es zu bewaffneten Konflikten zwischen Rebellen und dem Militär kommen.

Myanmar steckt aber auch in einer ethnischen Krisensituation.

Die Rohingya, eine der vielen Ethnien in Myanmar, sind sunnitische Muslime. Dem überwiegend von Buddhisten bevölkerten Land wird Völkermord an der Minderheit, die aus

Bangladesch eingewandert ist, vorgeworfen. Die Rohingya scheinen brutal verfolgt zu werden, sie haben in Myanmar keine Rechte und zählen aus Sicht der Regierung nicht zu den Staatsbürgern. Su Moon sagt dazu: »Die Rohingya gehören nicht zu uns. Sie kommen aus Bangladesch, erzählen jetzt aber, sie seien eine der ethnischen Minderheiten unseres Landes. Wir wollen sie nicht haben mit ihren muslimischen Weltvorstellungen, denen sie alles unterordnen wollen.« Eine Million Rohingya sollen vertrieben worden sein, Menschenrechtsorganisationen berichten von katastrophalen Zuständen in Flüchtlingslagern. Die Vereinten Nationen stufen die Rohingya als »am stärksten verfolgte Minderheit der Welt« ein.

Aber welches Interesse hat Thailand, wenn es Reisende mit eigenem Auto oder Motorrad kontrolliert und nicht frei und ungehindert durch das Land fahren lässt? Was bringt ein Land, das vorrangig vom Tourismus lebt, dazu, einige Reisende dermaßen mit Auflagen zu belasten? Angeblich sollen Chinesen, die in großer Zahl mit dem eigenen Auto nach Thailand kamen, diese Bestimmung ausgelöst haben. Sie hätten viele tödliche Verkehrsunfälle auf Thailands Straßen verursacht. Bei meinen Recherchen im Internet bin ich auf diese Interpretation gestoßen.

Eine Agentur bietet mir an, den Benz auf einen Abschleppwagen zu laden, und binnen eines Tages durch Thailand zu transportieren. So könnte ich zwar nicht innerhalb von Thailand reisen, aber einige der noch kostspieligeren Maßnahmen umgehen. In Laos wäre dann eine Weiterreise ohne Auflagen möglich. Trotzdem bräuchte ich für die Durchquerung einen Guide, den Truck, Papiere, eine Kfz-Versicherung. Gesamtkosten: 1200 Euro.

Su Moon versucht, mir bei der Klärung zu helfen. Ich müsse aber am 29. Dezember an der Grenze zu Thailand ankommen, da wegen der anstehenden Feiertage mehrere Tage das System nicht funktioniere und ich ansonsten warten müsse ...

Nach den Erfahrungen in Pakistan und Iran denke ich mir, dass die bürokratischen Hindernisse, die an der thailändischen Grenze auf mich warten, auch irgendwie gelöst werden können. Ich habe mittlerweile einen Zen-artigen Gemütszustand erreicht. Es ist mir nicht alles gleichgültig. Aber ich versuche, alle Probleme so hinzunehmen, wie sie kommen, und das Beste daraus zu machen. Vielleicht liegt es an dem buddhistisch geprägten Land, aber im Moment kann mich wenig aus der Ruhe bringen. Ich bin ganz im Hier und Jetzt.

Fahren.

Stille.

Zeit, loszulassen. Raum loslassen.

Vielleicht Wasser zum Trinken. Keine Begierden. Nichts wollen. Nichts begehren. Einfach sein. Nicht ich sein. Nicht sein. Hellwach und aufmerksam wahrnehmen.

Weiterfahren. Keine Gefühle. Keine Angst. Keine Freude. Keine Wut. Kein Glück. Nichts. Nirgendwo sein.

Zen gründet im Buddhismus, vermittelt aber kein Dogma. Es ist eher eine Lebenshaltung, Seine drei Säulen sind Meditation, Ethik und die von Weisheit durchdrungene Erkenntnis der Wirklichkeit. Das Geheimnis des Zen ist die Praxis des Zazen: in einer Haltung tiefer Konzentration einfach nur sitzen, ohne Ziel und ohne Streben nach Erleuchtung. Und in meinem Falle: einfach fahren.

Ja, Autofahren kann kontemplativ sein.

Tausende von Kilometern bin ich auf Pilgerpfaden und über die Alpen gewandert. Habe Zentralasien mit meiner 125er-Enduro durchquert. Jetzt Asien mit dem Benz. Seit einiger Zeit übe ich mich in Meditation. Gerne in Bewegung. Manchmal verbringe ich eine heilsame Nacht im Wald. Löse mich aus Zeit und Raum. Lasse los, was nicht festzuhalten ist.

Nach all den vielen Schwierigkeiten auf diesem Weg von Nordhessen bis nach Myanmar stellt sich langsam diese tiefe Entspannung ein beim Unterwegssein. Die noch vor mir liegenden Probleme beunruhigen mich kaum mehr ...

Das Geheimnis des Zen. Ich wusste lange nicht, was Zen überhaupt ist, und irgendwie bin ich dann selbst darauf gekommen. Einmal, in den Zeiten wildester Pubertät mit all ihren Seelenqualen, rannte ich wie so oft damals in den Wald. Aufgewühlt stellte ich mich zwischen die Bäume. Ich atmete schwer vom Bergaufrennen. Irgendetwas hielt mich dort im Wald. Ich wurde ruhiger. Und schließlich still. Ich gehörte zu den Bäumen. War einer von ihnen. Und sie sprachen mit mir. »Alles ist gut. Vertraue!« Das ganze Leid, das mich in den Wald getrieben hatte, war wie weggewischt. Nichts war mehr davon übrig.

Zen weist den Weg. Die Lehre kann nur im Inneren selbst erlebt werden.

Hier in Asien finde ich leicht zum Zen. Es gibt viele Wege zur Achtsamkeit, einer davon führt mit einem alten Benz von Nordhessen nach Myanmar, mehr als sechzehntausend Kilometer weit.

Seit siebenundsechzig Tagen bin ich unterwegs. Längst schon im Reisen angekommen. Selten Gedanken an zu Hause. Die aktuellen Ereignisse erfordern ein Im-Hier-und-Jetzt-Sein. Jeder Augenblick ist neu, jede Impression fremd, auf erregende Weise unbekannt, alles muss schnell verarbeitet werden. Es geht immer irgendwie auch ein bisschen ums Überleben …

Zu Hause fahren wir zur Arbeit, nachdem Kinder und Katzen versorgt sind. Nach der Arbeit einkaufen, zum VHS-Kurs und dann zurück. Alles wie immer. Alles im grünen Bereich. Scheinbar …

Jederzeit aber könnte sich diese vermeintliche Sicherheit in Chaos auflösen. Der Herzinfarkt eines entgegenkommenden Autofahrers, ein geplatzter Reifen bei hoher Geschwindigkeit, eine Brücke stürzt in sich zusammen. Eine Krankheit ohne Chancen auf Heilung … Kommt alles vor. Passiert aber meistens anderen. Selten ereignet sich im eigenen Leben ein solches Desaster. Also glauben wir daran, dass es normal sei, dass uns nichts geschieht. Wir wiegen uns in Sicherheit. Wie sonst wäre es möglich, sich um so etwas Langweiliges wie die Einkommensteuer zu bekümmern? Oder um Jahreshauptversammlungen vom Verein?

Dem Fernreisenden begegnet selten etwas Normales. Die Aufnahmekompetenz ist im Overdrive. Unwichtiges wird für eine spätere Bearbeitung verschoben. Wir versuchen, neue Ordnungsstrukturen für die vielen unbekannten Eindrücke aufzubauen. Was ist wichtig? Was ist gut für mich? Was schädlich? Wo gibt es nützliche Inputs? Unser Gehirn, ja der ganze Körper nutzt alle Aggregate, die zur Verfügung stehen. Das ist ein gutes Gefühl, wenn alles funktionieren darf. Wenn jede Kompetenz genutzt wird. Wenn Entscheidungen getroffen werden und die Auswertung sofort vorgenommen wird. Selbstverantwortung auf höchstem Niveau.

Das ist in einem Job in der Verwaltung meistens eher nicht erwünscht …

Wir überleben. Das ist die Belohnung. Kommen weiter. Adrenalin. Glückshormone. Die Umarmung mit dem anderen Fernreisenden. Dieses irre Glück, das Leuchten in seinen Augen, wenn wir uns begegnen. Diese schönen Gesichter. Man sieht die Entbehrungen des Unterwegsseins im Gesicht, oft auch im abgemagerten Körper. An den dreckigen Kleidern. Am Staub auf den Schuhen, dem Fahrrad, dem Motorrad, dem Auto. Ich habe nie offenere Gesichter gesehen.

Raum und Zeit lösen sich auf. Die eigenen Körpergrenzen verschwimmen. Neben mir schnarcht leise mein buddhistischer Guide. Ich fahre. Fahre weiter gen Südosten. Es entsteht eine Verbindung mit allem, was mich umgibt. Ich bin.

Inmitten von allem. Nirgendwo besonders. Das ist er wohl, dieser Flow, von dem Mentaltrainer und Frauenzeitschriften immer schreiben.

Ein Anruf reißt mich aus der Versenkung. Noi, die Frau, die den Autotransport durch Thailand für Easy Trip organisiert, erklärt mir, dass wir die Durchquerung Thailands vermutlich verschieben müssen auf den 2. Januar. Die Zeit reiche nicht aus, um alle Permits zu bekommen.

So schnell kann es vorbei sein mit dem Flow.

Gangaw – Bagan (Myanmar)

Donnerstag, 26. Dezember

Bagan. Tempelstadt.

Bagan heißt auch Arimaddana oder Arimaddanapura, »Stadt der Zerbrecher der Feinde«. Es war eine historische Königsstadt mit über zweitausend erhaltenen Sakralgebäuden. Der aus Tempeln bestehende Bereich gilt als eine der größten, archäologischen Stätten Südostasiens.

»Hier«, sagt der Guide, »darf sich keine Frau prostituieren.« Dafür gebe es vor den Toren der heiligen Stadt einen besonderen kleinen Ort.

Seit 2019 ist die Tempelstadt UNESCO-Weltkulturerbe. Der größte Tempel ist der Dhammayangyi, ein Tempel, der im Jahre 1170 als Sühnezeichen unter König Narathu für die Ermordung seines Vaters Alaungsithu erbaut wurde. Der Sohn selbst aber habe die Ermordung beauftragt, erläutert Su Moon.

Mein Guide wird langsam zutraulich. Nach der langen Fahrt auf den staubigen Straßen sitzen wir abends zusammen, essen, reden, schweigen. In Bagan besucht Su Moon mit mir ein Restaurant, in dem man am offenen Büfett die noch rohen Zutaten seines Essens aussuchen kann. Es gibt jede Menge Fleisch, Gemüse, Früchte, Reis und Brot. Beim Essen erzählt er mir, dass er Hitlers »Mein Kampf« lesen will und sehr kritisch eingestellt sei gegenüber dem früheren Militärregime Myanmars. Seine Mutter sei spielsüchtig gewesen und habe die beiden Eigentumswohnungen der Familie verzockt. 250 Dollar bezahlen sie jetzt monatlich für ihre gemietete Unterkunft, um im Zentrum von Rangun zu leben. Er unterstütze seine Eltern, da der ältere Bruder kein geregeltes Einkommen habe. Der sei außerdem verheiratet und brauche das Geld für die eigene Familie.

Von den 1000 Euro, die ich an seine Agentur überwiesen habe, bekomme er ungefähr die Hälfte, sagt er. Er plane, bald selbst eine kleine Reiseagentur aufzubauen, statt als Guide zu fahren, und hoffe, dass er damit mehr Geld verdienen kann.

»Du musst dir das so vorstellen«, erklärt er mir seinen Job, »dass ein kleines Büro die Anfragen per Internet bekommt und sie dann an uns Guides weiterleitet.« Er hat seine Chipstüte zur Seite gelegt und redet mit einem Mal ohne Punkt und Komma:

»Jedes Jahr kommen mehr und mehr Touristen, die Probleme in Myanmar halten die Menschen glücklicherweise nicht ab, uns zu besuchen, und die Regierung unterstützt natürlich den Tourismus. Wenn ich selbst die Reiseagentur bin, suche ich mir meine Guides und schicke sie los und bleibe zu Hause im Büro.«

Er ist nicht ganz glücklich damit, ständig unterwegs zu sein.

Überall im Garten des Restaurants, den wir uns ausgesucht haben, sind Lichterketten angebracht. Die Lämpchen spiegeln sich auf den großen Blättern der fremdartigen Büsche, die den Garten umgeben. Es ist mild hier draußen. Leise spielt asiatische Musik. Die Kellner lassen uns in Ruhe, sie kennen die Guides und wissen, dass sie sich von selbst melden, wenn die Reisenden etwas brauchen. Wir trinken süßen, nach Kräutern duftenden Tee.

Ein schöner Abend.

Bagan – Nay Pyi Taw (Myanmar)

Freitag, 27. Dezember

Heute Morgen schleppt mich Su Moon auf den Nan Myint Tower vor der Stadt, damit ich den Sonnenaufgang in Bagan erlebe. Das gehört zu den Sehenswürdigkeiten, die ich gebucht habe.

Mir ist leider übel. Gestern Abend haben wir zusammen gegessen, und ich habe von dem Hammelfett gekostet. Anscheinend vertrage ich Hammelfett nicht so gut. Genauer gesagt: überhaupt nicht. Die ganze Nacht ist mir speiübel gewesen. Und jetzt stehe ich seit fünf Uhr auf dem Turm. Es ist kalt. Der Morgennebel dringt durch meine zu dünne Kleidung. Ich habe nur ein leichtes Hemd an, mit dieser Kälte habe ich nicht gerechnet. Die üblichen Touristen um mich herum, Myanmaris, Chinesen, auch einige Europäer warten laut krakeelend auf das Ereignis. Keiner weiß genau, wo Osten ist. Der Himmel ist bewölkt. Inzwischen regnet es. Kein Sonnenaufgang in Sicht. Also wieder zurück ins Guest House. Statt Frühstück noch zwei Stunden ins Bett, bevor wir weiterfahren.

Schweigen und Fasten. Das hilft eigentlich immer, wenn man sich den Magen verdorben hat. Unglücklich ist. Oder nicht mehr weiterweiß. Dann fahren wir weiter Richtung Nay Pyi Taw.

Unterwegs telefoniert Su Moon immer wieder mit der Polizei. Gibt durch, wo wir gerade sind. Wo ich wann ankommen werde. Erläutert Abweichungen von der geplanten Route für Sehenswürdigkeiten oder Pausen. Er sagt, dies geschehe zu meinem Schutz. Ich frage mich, wovor soll ich eigentlich geschützt werden? Und frage Su Moon: »Was, wenn ich einfach ohne dich losfahren würde in den Norden?«

»Da kommst du nicht weit«, antwortet er ernst. Und ergänzt: »Es gibt überall Check-Posts, die Schießerlaubnis haben. Militärkontrollen würden dich sofort ausfindig machen. Du solltest es besser nicht versuchen.«

Andere Touristen würden aus Abenteuerlust eigenständig in unsichere Gebiete reisen, wo sich Guerillakämpfer mit Regierungstruppen heftige Kämpfe liefern. Die beinahe lückenlose Überwachung soll gewährleisten, dass Reisende mit eigenem Auto nicht von der geplanten und genehmigten Route abweichen.

Nay Pyi Taw. Irre. Seit 2005 die Regierungshauptstadt von Myanmar. Gut eine Million Menschen sollen angeblich in dieser Retortenstadt leben, am Sitz der Könige. Ein Online-Artikel einer großen deutschsprachigen Zeitung berichtet von einer »dröhnenden Leere«, die wirklich wehtue in dieser Geistermetropole, die regelrecht aus dem Boden gestampft worden ist, flächenmäßig achtmal so groß wie Berlin. Wir fahren am Gebäudekomplex des birmanischen Parlaments vorbei, auf einer vielspurigen, autobahnähnlichen, von bewaffneten Militärs gesicherten Straße. Ich dürfe auf keinen

Fall anhalten, sagt Su Moon, soll den Prachtbau nur bewundern. Er erläutert mir das Konzept der Regierungsstadt. So richtig verstehe ich es nicht, sehe auch keine normalen Menschen auf der Straße, nur Militär.

Dann die riesige Uppatasanti-Pagode, die über allem thront und der Shwedagon-Pagode in Rangun nachempfunden wurde. Ein Riesending, über und über mit goldenem Zierrat gestaltet, eigentlich eher wie ein leeres Kaufhaus. Immerhin gibt es hier saubere Toiletten für die Besucher. Als ich zurückkomme, mein Guide hat am Benz gewartet, stehen neben ihm drei Motorradfahrer mit ihren Enduros. Sie warten offensichtlich auf mich, wollen mich kennenlernen. Es sind zwei Schweizer, ein Vater und sein Sohn, auf einer Tour mit einem regionalen Guide durch Myanmar. Der Vater, wenig jünger als ich, ist auf einer schwierigen Piste gestürzt und hat sich verletzt. Verschämt zeigt er mir die Verletzungen, Schürfwunden an Händen und am Bein. Wir plaudern über unsere Erfahrungen, sie fragen nach meinen Reiseplänen. Dann wünschen wir uns gute Fahrt und verabschieden uns. Ein authentisches Erlebnis neben all dem aufgebrezelten Zirkus der Regierungsstadt.

Nay Pyi Taw – Hpa An (Myanmar)

Samstag, 28. Dezember

Paul und Johannes, das Filmteam, sind eingetroffen am Flughafen von Yangon, früher Rangun, der größten Stadt Myanmars. Haben wie immer überall angehalten, gefilmt. Und hängen uns deshalb weit hinterher. Treffen werden wir uns in Hpa An. Wieder, wie auch bei meiner Reise mit der Enduro durch Zentralasien, wollen sie ein paar Tage mit mir reisen und filmen.

Sie kommen spät im vereinbarten Hotel an. Schön, die beiden wiederzusehen. Nachdem Joh und Paul im Hotel eingecheckt und sich ein wenig vom langen Flug erholt haben, suchen wir nach einer Möglichkeit zu essen. Die beiden, lange, schlaksige Kerle, rennen immer sofort in irgendeine Richtung los, ohne dass ich es im Dunkel der kleinen Sträßchen verhindern kann. Wir verirren uns bei dem Versuch, etwas zu essen zu finden, in einer sehr dunklen, sehr engen Gasse in einem Graben. Aus einem Hauseingang kommt ein älterer Mann in dunkler Hose und nicht mehr ganz weißem Unterhemd. Joh und Paul versuchen erfolglos, von ihm zu erfahren, ob das gesuchte Lokal in dieser Straße sei. »Hier finden wir kein Restaurant für Touristen«, sage ich den beiden Jungs, die noch frisch im Land sind und offensichtlich alles für möglich halten.

Auf dem in der Nähe liegenden Nachtmarkt essen wir dann spät am Abend zusammen abenteuerlich scharfe Speisen für wenig Geld. Ich will gar nicht wissen, was genau da in der Dunkelheit auf unseren Tellern liegt. Irgendetwas, das nicht schnell genug flüchten konnte. Nach dem Essen trinken wir noch ein, zwei Biere im Mother Love, einer kleinen Kneipe am Thanlwin River, auch Saluen genannt, der im Hochland Tibets entspringt. Nach 2980 Kilometern mündet er in die Andamanensee, in das Meer zwischen Südostasien und Indien. Ein Meer, das ich bereits bei einem früheren Besuch Thailands kennen- und lieben gelernt habe. Hier ist so viel Licht, so viel freier Raum, und der Himmel ist so hoch, dass meine Seele jubelt!

Für Paul und Joh habe ich einen Fahrer mit Auto organisiert, mit ihm sind sie unterwegs. Ihr Fahrer und mein Guide sind in einem anderen Hotel untergekommen, in unserem Guest House war alles belegt. Jetzt ist Hauptsaison für Touristen aus aller Welt in Südostasien.

Morgen fahren wir früh zusammen weiter nach Myawaddy, an die thailändische Grenze.

Hpa An – Myawaddy, Grenze zu Thailand (Myanmar) – Mae Sot (Thailand)

Sonntag, 29. Dezember

Von Hpa An mit dieser Truppe an die thailändische Grenze. Filmteam, Fahrer, Guide ... jeder will etwas anderes.

Ich auch. Ich würde am liebsten einfach nur fahren. Ganz für mich allein. So wie die Tage zuvor. Einfach so dahinfahren. So vor mich hin. Träumen. Meditieren. Nachdenken. Nichts tun. Nur fahren. Nichts Besonderes tun. Einfach fahren ...

Daraus wird erst einmal nichts. Filmtechnische Gründe. Ständig halten wir an. Wenden. Vorbeifahrt und noch mal zurück, bitte!

Mein Guide schläft, wie immer. Oder er isst und trinkt. Dann muss er raus, zum Pinkeln. Die Piste ist anstrengend und staubig. Wie immer.

Als wir den Saluen River auf einer Brücke überqueren, packt Paul die Drohnenkamera aus. Ich beschäftige meinen Guide, damit er nichts davon bemerkt – Drohnenaufnahmen sind in der Region vermutlich untersagt –, und fahre los, als Paul das Go gibt. Ich versuche, gelangweilt die Brücke zu queren.

Verlässliche Informationen über das Einsetzen von privaten Drohnen zum Filmen kann man für Myanmar kaum bekommen. Im Februar 2019 allerdings wurde ein Franzose zu einem Monat Gefängnis verurteilt, weil er eine Drohne ins Land eingeführt und damit Aufnahmen gemacht hat. Selbst einheimische Drohnenpiloten beklagen sich darüber, dass ihr Equipment beschlagnahmt wurde und sie nach einem Drohnenflug beim Militär vorsprechen mussten.

Und in einer Gegend, die politisch in den Händen von Guerillatruppen liegt, könnte die unangemeldete Nutzung einer Drohne vielleicht zu Problemen führen.

Jetzt wird mein Guide unruhig.

»Da steht Paul«, sagt er. »Er hat einen Joystick in der Hand. So was braucht man für eine Drohne!«

»Ach ...«, versuche ich ihn abzulenken, »wo denn? Ich habe nichts gesehen.«

»Wir fahren durch ein von Guerillatruppen besetztes Gebiet!«

»Ach ...«

Offensichtlich hat sich die Regierung damit abgefunden, dass die Guerilla die Gegend nicht aufgibt und lässt die Sonderregierung in einem bestimmten Areal zu. Das hätte ins Auge gehen können, denke ich und fahre weiter.

An der Grenze dann plötzlich noch mehr Aufruhr. Wir wissen nicht, ob wir heute überhaupt durchfahren können, ob unsere Reisedokumente vollständig sind, wo wir die Leute von Easy Trip treffen.

Dann kommt er auf uns zu, ein etwa fünfzigjähriger, introvertierter, schlanker Mann. Unser thailändischer Guide hat bereits auf uns gewartet. Wie vereinbart. Ich mag ihn auf den ersten Blick.

Wir rennen hinter dem Guide der Agentur von einem Büro zum anderen hin und her. Füllen Formulare aus. Wir warten. Irgendetwas fehlt. Der Guide verschwindet mit den Papieren. Wir warten. Auf der zugigen, staubigen Brücke von Myanmar nach Thailand. Ständig fahren andere Grenzgänger an uns vorbei, überwiegend regionale Pendler. Wir sind eine Attraktion, fallen auf. Selfies werden gemacht. Joh filmt wie verrückt die Grenze. Bis eine beleidigt schauende Beamtin kommt und ihn vorübergehend abführt. Paul und ich bleiben draußen. Ist Joh jetzt verhaftet? Es ist inzwischen 34 Grad heiß. Alles klebt, alles staubt. Wir warten.

Grenzen filmen ist eigentlich immer problematisch, es sei denn, es handelt sich um absolut unbedeutende Grenzen wie die zwischen Hessen und Bayern, Ost- und Nordfriesland, Ober- und Niederbayern. Indien-Pakistan? Thailand-Myanmar? Besser nicht filmen, und wenn, dann unauffällig.

Dann kommt der Guide zurück, legt neue Papiere vor. Joh ist wieder frei mit der Auflage, die Kamera wegzupacken. Das bereits gefilmte Material darf er behalten, kein Mensch weiß, warum, und wir fragen lieber nicht nach. Wir sind durch. Nach gut zwei Stunden. Wir sind in Thailand.

Meine Hände kleben vor Dreck, Hitze und Staub. Irgendwie hat es wieder mal geklappt.

Mae Sot – Chiang Khong (Grenze zu Laos)
Thailand – Ban Huayxay (Laos)

Montag, 30. Dezember

Frangipani.

Direkt über meinem Frühstückstisch.

Ihr geheimnisvoller Duft streift mein Gesicht. Die Pflanze gehört zur Familie der Hundsgiftgewächse. Heute ist die aus Mittelamerika stammende Pflanze beinahe über den gesamten südasiatischen Raum verbreitet. Die Frangipani gilt als Sinnbild der Unsterblichkeit. Daher findet man sie auch oft in Tempelanlagen.

Die Blüten verströmen einen umwerfenden Duft. Aber Vorsicht, diese exotische Pflanze ist giftig!

Früh am Morgen bin ich aufgestanden, habe meinen Benz begutachtet, der gestern Abend auf einen Lastwagen mit Ladefläche geladen wurde, um ihn schnellstmöglich durch Thailand zu kutschieren.

Das Filmteam, die drei Fahrer und der Guide Mr Lan schlafen noch. Es ist sechs Uhr.

Gleich geht es los Richtung Norden. Richtung Laos.

Den ganzen Tag sind wir unterwegs. Ich fahre im Truck mit,

hinter mir hockt der Benz auf der Ladefläche. Vor uns der Land-cruiser von Mr Lan, unserem Guide durch Thailand, mit Paul und Joh. Während der mehr als acht Stunden dauernden Fahrt auf der thailändischen Schnellstraße kann ich in Ruhe das Land betrachten. Bewaldete Berge wechseln sich ab mit Feldern, Plantagen und Industriegebieten. Die Straße Richtung Norden ist wenig befahren. Auf den Rastplätzen fallen wir kaum auf. Touristen sind hier kein besonders ungewöhnlicher Anblick anders als in Pakistan oder Iran. Einmal kommt Joh mit zu mir in den Abschleppwagen, um zu filmen. Wir sprechen über die Pläne für die restliche Route, auch über den Benz. Und seinen Verbleib. Wie soll er zurückkommen? Die Strecke nach Deutschland würde er wohl nicht mehr schaffen. Er ist eigentlich nicht mehr fahrtüchtig. Die Bremsbeläge sind durch den Staub und den Dreck abgeschmirgelt bis auf das Metall. Das Geräusch, das beim Bremsen entsteht, hört sich nicht gesund an. Für asiatische Verhältnisse ist der Benz tiefer-gelegt, das heißt, oft bin ich mit dem Unterboden auf Boden-wellen aufgesetzt. Die Autos hier liegen alle viel höher über dem Boden, was bei diesen Straßen auch sehr sinnvoll ist. Wie lange die Stoßdämpfer die Schlaglöcher noch abfedern, ist frag-lich. Die Achsen knirschten, der ganze Benz ächzte und knarz-te wie ein altes, lange verlassenes Piratenschiff auf hoher See ...

Mir kommt der Gedanke, den Wagen einer Einrichtung zu spenden und zu hoffen, dass sie ihn für asiatische Verhält-nisse und kurze Strecken wiederherrichten könnten.

Joh fängt sofort an, E-Mails zu versenden. Er fragt bei ver-schiedenen Einrichtungen an, ob sie an einer solchen Auto-spende Interesse hätten.

Einige Absagen kommen nur wenig später. Ein paar der Angeschriebenen antworten gar nicht erst.

Dann eine interessierte E-Mail vom Verein »Freunde für Laos«. Wir sollten doch, wenn wir in Laos und Luang Prabang angekommen seien, dort mit der Public Library Kontakt aufnehmen und anfragen. Was mag eine öffentliche Bibliothek wohl mit einem alten Auto aus Deutschland anfangen können?

Ein langer, staubiger, anstrengender Tag liegt hinter uns. Es ist bereits dunkel, als wir um acht Uhr abends an der Grenze ankommen. Und tatsächlich muss der Benz mit dem Truck bis hinter die Grenzlinie gefahren werden. Und zwar ganz genau bis hinter die Markierung. Er darf auf keinen Fall den Boden Thailands berühren! Was für ein Quatsch!

Eigentlich ist Thailand ein aufgeschlossenes, modernes und touristenfreundliches Land. Ich war bereits zweimal hier. Alles ändert sich aber offensichtlich, wenn man mit einem eigenen Auto an die Grenze kommt. Seit 2017 gelten strenge Auflagen bei der Einreise. Man braucht eine Erlaubnis, einen passenden internationalen oder thailändischen Führerschein, eine Kfz-Versicherung, und inzwischen wird man gar von der Einreise bis zur Ausreise von einem Guide begleitet, den man natürlich bezahlen muss. Und das nicht zu knapp.

So ein Affentheater! Von den Fahrern und Mr Lan verabschieden wir uns freundschaftlich. Sie haben trotz der hohen Kosten von 1000 Euro und der Auflagen ihr Bestes getan und dabei versucht, uns möglichst nicht noch zu verärgern.

Hier an der Grenze zu Laos kostet dann jeder Handschlag extra. Wir brauchen Visa-on-Arrival. Und allein schon das Papier für den Antrag müssen wir bezahlen. Die Stempel für das Auto. Und schließlich das Öffnen der Schranke, um nach Laos einzureisen ...

Ich weigere mich.

»Leute!«, erkläre ich den beiden Grenzbeamtinnen mit zugegeben unzureichend unterdrückter Wut, »ich mache die Schranke selbst auf!« Und wenn ich sie eintreten muss. Mir reicht's. Diese ganzen angeblichen Sicherheitsvorkehrungen! Diese unbegründeten Reisebeschränkungen! Diese schwachsinnige Bürokratie!

Hilflos schütteln die Mädels den Kopf und rufen einen Kollegen zu Hilfe.

Der erklärt mir mit asiatischer Höflichkeit geduldig, dass nur ein Ticket mit Barcode die Schranke öffnen könne, und das müsse ich vorher bezahlen.

Ich gebe auf. Zahle. Bekomme das Ticket mit dem Barcode. Die Schranke öffnet sich. Wir fahren durch und sind in Laos.

»Die Grenze«, heißt es in einem buddhistischen Spruch, »ist der eigentliche Ort der Erkenntnis.«

Da ist ganz sicher etwas dran.

Pakistan mit seinen Eskorten, der unfassbare Dreck und die Überbevölkerung in Indien, Myanmar mit teurem Guide, Thailand mit fragwürdigen und kostspieligen Bestimmungen ... Reisen mit eigenem Auto ist in diesen Ländern für Touristen nur mittelerfreulich. Und wie ich aus der Nummer mit dem alten Benz rauskomme, ist noch immer nicht geklärt. Trotzdem sind die Menschen, denen ich begegne, freundlich. Selbst heute Abend an der Grenze zu Laos, als ich völlig chancenlos auf stur gestellt habe, bemühen sie sich, geduldig und freundlich zu bleiben. Sie wissen nicht, welchen Nervenkrieg wegen eines Autos man hinter sich hat, wenn man, von Deutschland kommend, endlich bei ihnen anreist.

Ich bin in Laos. Hier war ich zuletzt mit meinem Sohn Phil im Januar 2019. Mit dem Schiff sind wir den Mekong hinuntergegondelt, eingepfercht mit volltrunkenen, grölenden Nordländern, und anschließend mit dem Moped ins Hinterland gereist. Zu den wundervollen Seen im laotischen Dschungel ...

Was uns jetzt noch erwartet in den verbleibenden zwei Wochen, hängt davon ab, wie zügig ich den Verbleib oder den Rücktransport des Benz regeln kann. Verschrotten, stehlen lassen oder einfach irgendwo stehen lassen und im nächsten Jahr die Strecke wieder zurückfahren, ihn als Spende einem Kinderheim übergeben? Eigentlich wollte ich in Laos ein Motorrad mieten und ein wenig durch das Land cruisen ... am Mekong entlang nach Pak Beng, diesem kleinen Ort in den Bergen im Norden des Landes, der damals am frühen Morgen in der Dämmerung so viele inspirierende Eindrücke in mir hinterlassen hat ...

Von der Werra über die Donau, den Brahmaputra, Indus und jetzt den Mekong geht diese außergewöhnliche Reise mit dem alten Benz, dessen Bremsen inzwischen brüllen wie ein Löwe, wie Su Moon meint. Ein dumpfes Röhren, das in ein etwas schrilles Scheppern übergeht. Wenn wir durch Dörfer fahren, versuche ich möglichst nicht zu bremsen. Bremsen sind überbewertet.

Der Mekong! Ein riesiger, träger Strom mit gelblich braunem Wasser. Ich liebe Flüsse. »Sei wie ein Fluss, der still die Nacht durchströmt«, schreibt Paulo Coelho. Ein wundervoller brasilianischer Schriftsteller, dessen Bücher ich auf dem Jakobsweg zu Fuß unterwegs auf den 3000 Kilometern von Nordhessen nach Santiago kennen- und schätzen gelernt habe.

Wenn ich mich ans Ufer eines Flusses setze, bleibt die Zeit stehen, und die Welt hört auf, sich zu drehen.

Träge fließen die braunen Fluten des Mekong durch sechs Länder. Er entspringt an einem Berg westlich des Jifu in China und mündet nach 4350 Kilometern ins Südchinesische Meer.

Brahmaputra. Welch ein Sehnsuchtswort! Dieser 3100 Kilometer lange, wasserreiche Fluss mündet zusammen mit dem Ganges in den Indischen Ozean. Seine Quelle entspringt im Himalaya.

In Guwahati habe ich ihn überquert. Zwischen dem Bundesstaat Rajasthan und Uttar Pradesh in Indien habe ich den dort noch nicht allzu breiten Ganges überquert. Er durchzieht Indien und Bangladesch über 2600 Kilometer weit aus dem Himalaya kommend Richtung Süden.

Der Indus fließt durch Pakistan, auf der Fahrt von Quetta nach Multan bin ich ihm begegnet.

Auch er einer der längsten Flüsse der Welt mit 3180 Kilometern. Er entspringt im Hochland von Tibet und mündet ins Arabische Meer.

Auf den früher im Frühjahr häufig überfluteten Donauwiesen haben mein Bruder Achim, die anderen Kinder und ich unerschrocken gespielt und uns von den tosenden Fluten am Wehr beeindrucken lassen. Und um ins Tuttlinger Schwimmbad zu kommen, musste einer von uns mit allen Handtüchern und Taschen voller Kleidung durch den Eingang und Eintritt zahlen, wir anderen schwammen durch die Donau und kletterten über den Zaun. Das gesparte Eintrittsgeld gaben wir für Süßigkeiten vom Kiosk aus, gelbes Wassereis mit Ananasgeschmack, Colalutscher und weiße Knautschgummimäuse.

Ich liebe Flüsse.

Ban Houayxay – Muang Xay (Laos)

Dienstag, 31. Dezember

Zum Jahreswechsel bei den buddhistischen Mönchen in der Provinz Oudomxay.

»Der Wind weht weit.«

Oben, auf dem Berg in Muang Xay beim golden glänzenden Buddha und dem Stupa, dem buddhistischen Bauwerk, das Buddha selbst und seine Lehre, den Dharma symbolisiert, möchte Paul mit der Drohne die Silvesterfeierlichkeiten und das Feuerwerk filmen. Es gibt kein Feuerwerk, es gibt keine Silvesterfeier. So bleibt uns der Jahreswechsel bei den Mönchen. Die sitzen bereits drüben im Tempel und meditieren. Ich stelle mich sehnsüchtig neben die offene Tempeltür. Wie gerne wäre ich jetzt mitten unter ihnen.

Da kommen zwei verspätete Jungmönche. Laden uns ein, mit ihnen hineinzugehen. Dankbar trete ich leise ein, um die versammelten Betenden nicht zu stören. Still mache ich rückwärts zwei, drei Schritte hinter die Türe und trete dabei auf einen schwarzen Hund, der dort liegt. Der Arme schreckt auf und knallt mit allen Beinen gegen die hölzerne Türe, dass es nur so durch den Tempel schallt. Alle Meditierenden drehen sich erstaunt nach mir um. Was für ein gelungener Auftritt. Der Hund rast aufgescheucht aus dem Tempel, und ich setze mich still und beschämt zu den Betenden auf den Boden. Anfangs habe ich noch stark mit einem heftigen Lachreiz zu kämpfen, die Situation war einfach zu blöd.

Dass hier Touristen reintrampeln, ist wohl eher unüblich. Die Gegend im nördlichen Laos ist kein Touristenmagnet, und besonders selten kommen Ausländer mit einem eigenen Auto daher. An der hinteren Wand gegenüber dem Eingang stehen dicht gedrängt goldene Buddhas und anderer Zierrat, auf dem Boden vor einem Altar liegen weiche Teppiche. Etwa fünfundzwanzig Menschen sind zum Feiern gekommen, neben den etwa fünfzehn Mönchen, manche scheinen sehr alt zu sein, die meisten sind jedoch zwischen zwanzig und dreißig Jahren, auch einige junge Frauen und Männer von außerhalb des Klosters sind hereingehuscht, um heute hier bei der Neujahrsmeditation dabei zu sein. Die Mönche tragen orangefarbene Tücher, über die Schulter geworfen und um den Körper gewickelt. Die Frauen sind ganz in Weiß gekleidet. Unter dem Altar sitzt ein Mönch, etwa Mitte vierzig, vor dem Auditorium. Er spricht mit sanfter, singender Stimme zu uns. Ich verstehe kein Wort von dem, was er sagt. Aber es hört sich gut an. Beruhigend. Besänftigend.

Nach der Meditation ins neue Jahr bleiben wir noch mit ein paar jungen Mönchen vor dem Tempel stehen. Sie sind bereit, mit uns zu sprechen und sich dabei filmen zu lassen. Die jungen Männer, vielleicht fünfzehn, sechzehn Jahre alt, erzählen von ihrer Ausbildung und ihren beruflichen Interessen. Sie beeindrucken mich mit ihrer Ernsthaftigkeit und der Höflichkeit, mit der sie unsere Fragen beantworten.

Joh spricht sie an:

»Ihr seid noch recht jung, wie könnt ihr die Aufgaben eines Mönchs mit euren jugendlichen Interessen vereinbaren?«

Die jungen Mönche schauen sich an, lächeln ein bisschen verschämt, dann sagt einer:

»Der Wind weht weit!«

Es scheint, als würde die Ausbildungszeit im Tempel sie eher stärken und für ein Leben in der Gesellschaft vorbereiten, als dass es sie einengt.

Dann endet das Jahr, und ein neues beginnt.

Muang Xay – Luang Prabang (Laos)

Mittwoch, 01. Januar

Wir fahren weiter durch den Norden von Laos in Richtung Luang Prabang. Durchs Goldene Dreieck. Geheimnisvoller Name für eine Gegend, die als Lieferant für den weltweiten Heroinmarkt bekannt war. Inzwischen ist die Bedeutung der Region als Drogenquelle spürbar gesunken. Das Goldene Dreieck ist ein Gebiet im Grenzdreieck der Staaten Laos, Thailand und Myanmar, in dem Schlafmohn angebaut und zu Opium und Heroin verarbeitet wird. Heute läuft der Drogenhandel mehr und mehr über Afghanistan.

Bei den Bergvölkern hat der Opiumanbau eine lange Tradition. Besonders ältere Leute sehen wir in den kleinen Bergdörfern Opium rauchen, es ist ein in der Gesellschaft akzeptiertes Genussmittel. Bei den Hmong ist Opium schon immer für den Handel erzeugt worden, anfänglich nur für den chinesischen Markt. Später kauften die Franzosen während ihrer Kolonialherrschaft den Hmong Opium in großen Mengen ab.

Während wir durch die bergige Urwaldregion fahren, sehen wir immer wieder traditionell gekleidete Hmong-Mädchen an der Straße stehen. Mit ihren goldenen, glitzernden gelben, grünen oder blauen Kostümen, ihren mit farbigen Kordeln versehenen Kopfbedeckungen, ihren knallroten, knappen Röcken und den Stiefelchen sind sie das komplette Gegenteil der ansonsten eher ärmlich gekleideten Bergbevölkerung. Sie lassen sich gerne fotografieren und filmen, unterhalten können wir uns kaum mit ihnen, sie sprechen kein Englisch. Später erfahren wir, dass es die Zeit von Festen und Märkten ist, in der sich die Hmong treffen, um miteinander zu feiern. Deshalb wohl auch die auffällig festlichen Kleider.

Die Hmong sind ein indigenes Volk Ost- und Südostasiens. Sie leben hauptsächlich in den bewaldeten Berggebieten des südlichen Chinas, in Laos, Vietnam und Thailand. Für die Hmong ist die Familie die wichtigste Institution im Leben. Eine Familie zu haben, bedeutet, glücklich zu sein. Keine zu haben, bedeutet, verloren zu sein, sagen sie. Jeder Hmong gehört einem Volksstamm an, einem Zusammenschluss aus mehreren Familien, der dafür sorgt, dass soziale Bindungen, Sicherheit und Wohlergehen in der Gruppe gefestigt werden. Je älter eine Person ist, desto mehr Entscheidungsbefugnis hat sie. Die Hmong sind strenge Animisten, deren Schamanen teilweise dramatische Methoden anwenden, um die Geister zu kontaktieren.

Wir sind fasziniert von der Offenheit dieser Menschen, die selbstbewusst und stolz ihre Trachten tragen und ihre Traditionen leben.

Mit dem Benz unterwegs zu sein, wird von Tag zu Tag schwieriger. In Deutschland würde das Auto vermutlich sofort aus dem Verkehr gezogen. An den Bremsscheiben sind inzwischen deutliche Abriebspuren von Metall auf Metall zu sehen. Die Radkappe vorne rechts ist irgendwann weggeflogen. Der rechte Außenspiegel hinüber. Das linke Vorderrad bremst seit Indien überhaupt nicht mehr. Die Abdeckscheibe am Scheinwerfer vorn links ist eingedrückt, in einem engen indischen Hotelinnenhof bin ich einen Abhang hinuntergerutscht und gegen ein metallenes Zaunelement geknallt. Dass die Achsen die permanenten Schläge durch die Piste ausgehalten haben, ist ein Wunder. Aber der Motor läuft. Der von meinem Sohn Imo reparierte Kabelbaum, er hatte sich wenige Wochen vor der geplanten Abreise in Staub aufgelöst, hält. Die Elektrik arbeitet.

Muang Xay – Luang Prabang (Laos)

Donnerstag, 02. Januar

Der Benz bekommt ein neues Zuhause. Die Public Library in Luang Prabang. Vermittelt über die »Freunde für Laos« in Deutschland. Die Bücherei finden wir unweit unseres Hotels. Chanta, die Leiterin, eine junge Frau mit schönem Gesicht und Kurzhaarschnitt, ist von der Idee angetan. Sie hat sofort erfasst, worum es geht. Hat ihre Hilfe angeboten. Sich für unser Anliegen Zeit genommen. Hat uns stolz durch ihre Bücherei geführt. Ihr Mann und der Schwager haben eine Probefahrt mit dem Benz gemacht und dann genickt. Das kriegen sie hin. Sie wollen das Auto reparieren und es für Dienstfahrten nutzen. Im Gegenzug geben sie mir die notwendigen Stempel und Unterschriften, die bescheinigen, dass ich das Auto im Land gelassen und an die Bücherei gespendet habe. Chantas Mann ist eine Art Ortsvorsteher im Stadtteil. Seine Unterschrift ist aussagekräftig. So weit möglich, möchte ich sie dabei unterstützen, Ersatzteile zu finden.

Da steht er. Ein bisschen verstaubt, runtergewirtschaftet, aber immer noch ein Mercedes-Benz, elegant und funktionsfähig, wenn man ihn wiederherrichtet. In Deutschland würde ich ihn zur Werkstatt bringen. Und weiterfahren, zumindest bis zum nächsten TÜV. 378.960 Kilometer stehen auf dem Tacho. Ein gutes Auto. Ein Freund. Zuverlässig. Das Herz wird mir ein wenig schwer, ihn so stehen zu lassen. Ich nehme das blaue Amulett und den Edelstein aus dem Auto und verabschiede mich.

Chanta verspricht mir: »Wenn du wiederkommst, steht der Benz hier zu deiner Verfügung.«

Nun bin ich frei und habe neue Freunde gefunden.

Luang Prabang

Freitag, 03. Januar

Wir haben uns Mopeds geliehen, die typischen 125er-Touristen-Motorroller. Damit fahren wir zu den Wasserfällen. Meine Füße ruhen in der Mitte des Rollers, ganz anders als auf einem richtigen Motorrad. Es ist schwer für mich, die Balance zu halten, gewöhnungsbedürftig. Auf dem sandigen Parkplatz bei den Wasserfällen falle ich gleich mal um.

Obwohl ich bremse, gibt das blöde Ding Gas. Ich ziehe die Handbremse stärker, der übliche Anfängerfehler: Das Vorderrad blockiert, und ich knalle in den Dreck. Helm und Motorradhose habe ich an, aber keine Jacke, also fange ich sofort an zu bluten, am Unterarm, der stark aufgeschürft ist. Sogleich kommt eine der Händlerinnen angelaufen, die vor dem Eingang zu den Wasserfällen ihre Marktstände aufgebaut haben. Sie stellt zuerst mich auf die Beine und dann das Moped auf seine Räder. Wischt das Blut ab und sucht eine Möglichkeit, Verbandszeug zu organisieren, um die Wunde zu behandeln. Was will man mehr: Menschen, die helfen, wenn es notwendig ist. Nicht lange rumreden, tatenlos dastehen, sondern einfach helfen.

Welche Hautfarbe sie haben, welche Sprache sie sprechen ... völlig egal. Wir sind Brüder und Schwestern. Überall auf der Welt.

Dann die faszinierende Schönheit der laotischen Wasserfälle im Dschungel! Es geht durch den dichten Wald den Berg hinauf. Vorbei an Palmen, Fensterblattgewächsen mit riesigen grünen Blättern, stachligen Büschen und blühenden Sträuchern. Es ist heiß, alles duftet, und im Gebüsch raschelt es und atmet. Trotz der Touristenströme, der Kioske und kreischenden Badenden: Das ganz besondere Blau dieser Seen, die stürzenden Wassermassen, das satte Grün des Dschungels, der Sonnenuntergang am Mekong begeistern mich. Ich bin glücklich, hier zu sein. Laos, ein faszinierendes Land. Eine Melodie von Eindrücken. Ich bin in Südostasien angekommen.

Luang Prabang

Samstag, 04. Januar

Mein Rückflug ist gebucht. Der alte Benz steht jetzt bei Chantas Familie. Ein kleines gelbes Blumenbouquet aus Marigold Flowers liegt auf dem herausgeputzten Auto. Es ist gesegnet worden.

Joh und Paul fliegen am 6. Januar, in zwei Tagen also. Ich reise am 9. Januar zurück und werde am 10. Januar wie geplant morgens um sechs Uhr in der Früh in Frankfurt am Main ankommen. Die Wunde von meinem Sturz mit dem Moped hat sich entzündet und sieht nicht wirklich gut aus. Trotzdem freue ich mich auf die paar Tage, die ich noch allein hier in Luang Prabang verbringen kann.

Ich hoffe, dass ich mit den Dokumenten von Chanta für den gespendeten Benz aus Laos ausreisen kann und die hinterlegte Kaution für das Carnet de Passage wiederbekomme. Immerhin 5000 Euro.

Heute sind wir mit dem bunt bemalten TukTuk von Chantas Mann aus der Stadt rausgefahren. Oberhalb des Zentrums von Luang Prabang, in den Bergen, feiern die Hmong ihr

Frühlingsfest. Wir sind beeindruckt von den einfallsreichen, farbenprächtigen Trachten, die junge Frauen und Männer zur Schau tragen. Tanzgruppen zeigen ihr Können, es gibt Essen und Trinken, Jahrmarktgeschäfte aller Art. Aber das Besondere für mich sind die Gruppen von Mädchen und Jungs, die sich mit großem Ernst in langen Reihen gegenüberstehen, sich tennisballgroße Bälle zuwerfen und fangen. Mit hoher Konzentration beobachten sie, wie der oder die andere den Ball auffängt und weitergibt. Vielleicht gar nicht so falsch: Wer einen Ball so wirft, dass man ihn fangen kann, ist vielleicht auch ein guter Partner bei der Familiengründung. Hier scheint neben allem Rummel auch ein Markt für zukünftige Paare zu sein.

Luang Prabang – Pak-Ou-Höhlen

Sonntag, 05. Januar

Joh, Paul und ich haben am Vorabend eine Kajakflussfahrt gebucht und anschließend die Besichtigung der Pak-ou-Höhlen. An einem mächtigen, heiligen Baum unterhalb eines Klosters am Ufer des Flusses will das Filmteam drehen, bevor es losgeht. Das zieht sich. Und der Aufbruch mit den Kajaks erfolgt weit später als geplant. Während das Filmteam über die beste Drehposition berät, Paul einen Einheimischen anfleht, die Musik leiser zu drehen, die das Ufer bedröhnt, und Joh immer wieder nach anderen, noch besseren Plätzen Ausschau hält, lasse ich mich vom Rauschen im Baum betören. Ich fühle, dieser besondere Ort hat eine magische Kraft, eine Energie, der ich mich nur allzu gerne öffne. Für Buddhisten sind alte Bäume Orte, in denen die Seelen und Geister wohnen. Obwohl am Ufer des Nebenflusses kein Windchen weht, durchzieht ein starkes Brausen die dunkelgrünen Blätter des Baumes, als ich ihn frage, ob wir zu seinen Füßen filmen dürfen. Ich nehme es als Bestätigung, setze mich entspannt in seinen Schatten und warte ...

Altern. Was heißt das für mich? Falten im Gesicht, die am nächsten Morgen nicht mehr weggehen. Manchmal tun die Knochen weh. Zu ahnen, man ist wohl sterblich. Erfahrung. Freude über kleine Dinge. Dankbarkeit. Glück über das bereits gelebte Leben. Altern, das ist für mich ein Ort. Wie Jaipur oder Luang Prabang. Ein Ort, den ich für eine Weile besuche. Und dann weitergehe. Alt im Kopf wird man, wenn man aufhört zu lernen. Keine Fragen mehr stellt. Niemandem mehr begegnet. Sich nicht mehr berühren lässt.

Irgendwann ist dann auch das Filmteam zufrieden: Der Platz ist okay, es wird gedreht.

Dann können wir endlich in die Kajaks steigen und flussabwärts Richtung Mekong paddeln. Der Guide, der uns begleitet, hält es zuerst für unmöglich, dass ich als Frau alleine Kajak fahre. Aber weil Paul und Joh die Fahrt filmen wollen und daher beide in ein Boot müssen, können wir ihn am Ende überzeugen. Ich bin schon öfter in kleinen Booten auf Flüssen unterwegs gewesen, weiß also, dass ich mich über Wasser halten kann.

Während der Tour kommen wir an Weilern vorbei, an kleinen Hütten nah am Ufer. Nackte Kinder spielen in den Fluten, Frauen waschen ihre Wäsche, Rinder und Schafe trinken das Wasser. Am Ufer wechseln sich steile, karge Felsen ab mit Urwald, ein grünes Durcheinander, das undurchdringbar scheint. Jetzt lenkt der Guide sein Kajak neben meins. Während wir nebeneinander stromabwärts treiben, erzählt mir der Neunzehnjährige, dass sein Bruder vor wenigen Tagen einen schweren Unfall hatte und im Krankenhaus behandelt werden muss.

»Ich möchte studieren, und um das Studium zu finanzieren, muss ich im Restaurant jobben. Das Geld, das ich dabei verdient habe, um das Jahr über weiterzulernen, muss ich nun für die Behandlung des Bruders ausgeben.« Traurig fügt er hinzu: »Jetzt kann ich die Universität nicht mehr besuchen.«

Später sendet er mir ungefragt ein Foto seines Bruders im Krankenhaus und Röntgenaufnahmen des gebrochenen Arms.

Die Dörfer im laotischen Hinterland haben oft kein fließendes Wasser, keinen Strom, keine ausgebauten Straßen, wenig Infrastruktur. Baumaterial wird mit den Touristenbooten transportiert. Wer in eine weiterführende Schule möchte, muss weit laufen und zahlen. Die Familien können selten alle Kinder ausreichend ausbilden lassen. Ob der Guide die Geschichte des gebrochenen Arms seines Bruders jeder Touristengruppe erzählt oder ob sie sich tatsächlich zugetragen hat, ist unwesentlich. Die Lebensbedingungen der einfachen Menschen in Laos sind hart.

Kurz vor Einbruch der Dunkelheit erreichen wir am Zusammenfluss des Nam Ou River mit dem Mekong die Pak-Ou-Höhlen. Wir steigen die zweihundert Stufen bis zur obersten Höhle hinauf, die Tham Theung, und erblicken unzählige von kleinen und größeren Buddha-Figuren. Und auch in der knapp über dem Mekong liegenden ersten Höhle dasselbe Bild: Buddhas über Buddhas! Wir befinden uns in einer der bedeutendsten buddhistischen Kultstätten im nördlichen Laos. Es handelt sich um zwei Höhlen, die vor allem wegen der hölzernen Skulpturen und Buddha-Schreine bekannt sind. Einheimische haben wohl über Hunderte von Jahren die Figuren zusammengetragen und in die Höhlen gebracht, um hier zu beten. Was für ein bezaubernder Ort!

Bei der letzten Aktion am Abend eines langen, eindrucksvollen Tages unterschätze ich die Kraft des Flusses. Zwischen Stromschnellen, Felsspitzen und im Wasser schwimmenden Holzstämmen hindurch gelange ich ziemlich aufgelöst mit meinem Einerkajak ans rettende Ufer. Die Haut zwischen Daumen und Zeigefinger meiner linken Hand ist komplett abgeschürft.

Luang Prabang

Montag, 06. Januar

Paul und Joh sind abgereist. Die Drehtage sind zu Ende. Sie müssen zurück nach Deutschland zu ihren eigentlichen Tätigkeiten. Joh kehrt zurück zu seinem Job im Kirchenamt, Paul möchte Filmproduktion studieren. Wie schon auf meiner Tour mit der Honda durch Zentralasien waren sie rund zwölf Tage mit mir unterwegs. Durch dick und dünn, über staubige Straßen und Grenzschwierigkeiten hindurch sind wir inzwischen Freunde geworden.

Ich bleibe noch ein bisschen hier. In Laos. In Südostasien. Und ich muss zugeben, ich bin ein bisschen stolz, dass es geklappt hat.

Mit dem alten Benz 18.091 km von Thurnhosbach in Nordhessen hierher nach Luang Prabang gefahren. Durch fünfzehn Länder. Heute sind es neunundsiebzig Tage, seitdem ich von zu Hause aufgebrochen bin ...

Lange schon bin ich angekommen im Unterwegssein. Ich sitze auf der hölzernen Veranda meines Hotels, leicht bekleidet bei 22 Grad abends um halb neun. Die Luft ist mild. Laotische Klänge erfüllen den Abend. Vom nahe gelegenen Nachtmarkt dringt leise der fröhliche Lärm von Verkäufern und flanierenden Kunden an meine Ohren. Palmen, Bananenstauden, alles ist grün. Die Laoten sind entspannt. Sie ertragen uns Touristen, wir sorgen für ein gutes Einkommen. Im Hinterland draußen fällt man eher auf. Aber nirgends wird man bedrängt. Die Laoten bleiben unter sich.

Ich habe mir ein kleines Fläschchen Rotwein ins Hotelzimmer mitgenommen und auf dem Nachtmarkt Zimtkuchen gekauft. Es geht mir verdammt gut. Ich habe etwas geleistet. Einen Traum gelebt. Habe nicht allzu lange geplant. Bin einfach abgefahren. Ich habe auf keinen Fall alles bedacht. Zwischendurch hielt ich es für möglich, dass das ganze Vorhaben scheitert.

Aber es hat geklappt. Ich bin losgefahren. Und angekommen. Die Papiere für den gespendeten Benz habe ich in der Reisetasche.

So viele irre Eindrücke! Ein Leben! Und doch grade mal nur drei knappe Monate.

Eine gefühlte Ewigkeit.

Eine Zeit voller Bilder, Eindrücke, Impressionen werde ich nach Hause mitnehmen.

In dieses dunkle, wolkenverhangene, kalte Deutschland.

Zurück zu meinen Aufgaben. Zurück zu meinen Freunden, Bekannten und Verwandten, die mir schreiben: »Wir freuen uns auf dich!«

Das immerhin tut gut.

Das Zurückkommen ist trotzdem wie immer schwer. Jetzt könnte ich bleiben, weiterreisen, nach Kambodscha, Vietnam, Indonesien ...

Ein bisschen Abenteuer genehmige ich mir aber doch noch vor dem langen Rückflug. Für morgen buche ich einen Trekking-Trip durch den Dschungel.

Luang Prabang – Mekong

Dienstag, 07. Januar

Steil hoch. Steil runter.

Schwierig für meine Hüft- und Kniegelenke, in denen noch die zahllosen Stürze mit der Honda auf meiner letzten großen Reise stecken. Dabei hatte der erfahrene Guide vor dem Abstieg vom Bambushüttendorf mit seinem scharfkantigen Buschmesser extra zwei Bambusstöcke für mich zurechtgeschnitzt.

Mit mir auf Tour sind eine Kanadierin und ein gestylter Franzose, ein Schauspieler. Er sei außerdem Reiter, sagt er. Höflich bleibt er beim Anstieg hinter mir. Er befürchtet wohl, dass ich ansonsten liegen bleiben würde. Er bietet mir sogar an, meinen Beutel mit den Trinkflaschen zu tragen. Das lehne ich selbstverständlich ab.

Von Luang Prabang aus geht es im Pick-up-Truck hinaus zum Elefantencamp am Mekong River.

Im Camp angekommen, begrüße ich eine Elefantendame, berühre sie zärtlich an Kopf und Rüssel. Und schaue ihr dabei tief in ihre schönen Augen. Sie lässt mich gewähren. Erlaubt mir, sie zu berühren.

Ich bemerke gar nicht, dass einige der anderen Touristen um uns herumstehen, der Begegnung fasziniert zuschauen und Aufnahmen machen. Man verleiht mir den Spitznamen »Elefantenflüsterer«.

Vom Camp aus setzen wir mit einem kleinen Motorboot über und besuchen das Dorf, in dem aus Reis Schnaps gebrannt wird. Ich probiere ein Gläschen und nehme eine kleine Flasche als Geschenk für einen Freund zu Hause mit. Die Dorfbewohner nennen ihren Schnaps »Lao Lao«. Sie kochen den Reis lange über dem offenen Feuer und destillieren so den Alkohol. Einige der älteren Bewohner scheinen öfter vom Gebräu zu probieren; sie grinsen und torkeln entspannt durchs Dorf. An seinem Rand gibt es eine kleine Grundschule. Der Lehrer bemüht sich um die Kinderschar. Die Mädchen und Jungs sind den ganzen Tag in der Schule.

Der schmale Pfad führt aus dem Dorf in den Dschungel und steigt dann steil an. In der Beschreibung der Tour stand nichts von einer Bergbesteigung. Aber jetzt ist es zu spät. Vorneweg der einundzwanzig Jahre junge Guide, dann die etwa vierzigjährige Kanadierin, hinter mir der etwa dreißigjährige Schauspieler. Kein Entkommen. Zügig geht es hoch und höher durch dichtes Grün, über Felsen und vorbei an kleinen Quellbächen, die munter den Hang hinabfließen. Es ist feuchtwarm, etwa 30 Grad. Ich schnaufe wie ein Walross, schwitze und trinke.

Nach etwa zwei Stunden kommen wir schweißüberströmt oben auf dem Berg im Bambushüttendorf an. Die beiden anderen Trekking-Teilnehmer werden hier die Nacht in einer Hütte verbringen. Sie können sich jetzt ausruhen. Ich beneide sie und beschließe, wenn ich wieder in Laos bin, auch einmal dort im Dschungel zu übernachten.

Der Guide und ich aber erklimmen weiter den steilen Berg über sehr felsige und rutschige Pfade. Mitunter geht es nur weiter, weil wir uns an Seilen, Bambusstangen und scharfkantigen Felsen hochziehen. Schließlich sind wir oben auf 1000 Meter. Weit schweift der Blick über den Mekong und seinen Nebenfluss, über die Hügel und Bergwälder des laotischen Hinterlands.

Der Guide erläutert, dass überall an den Flüssen Staudämme gebaut würden. Das raube den Orten unterhalb der Anlagen das benötigte Wasser für den Anbau von landwirtschaftlichen Produkten. Vor zwei Jahren sei ein Damm gebrochen. Die Flutwelle habe große Zerstörungen angerichtet, viele Menschen seien gestorben. Wenn die Staudämme gebaut werden, würden die Menschen einfach vertrieben. Es sind wieder mal die Chinesen, die hier ihr Einflussgebiet erweitern und rücksichtslos Ressourcen nutzen, ohne mit den angrenzenden, betroffenen Ländern eine für die dort lebenden Menschen erträgliche Regelung zu treffen.

Lange können wir nicht bleiben, wir müssen zurück durch den Dschungel.

Der Weg bergab ist noch anstrengender als bergauf. Immer wieder muss ich mich an Bambusstangen und Teakbaumwurzeln festkrallen. Rutsche trotz meiner Stöcke mehr, als dass ich gehe. Plötzlich bleibt der Guide wie angewurzelt stehen. Zeigt mit dem Finger auf ein grünliches, etwa ein Meter langes Geschlängel im Gestrüpp: eine Bambusotter! Sie ist gerade dabei, ein kleines Tier zu verschlingen. Als ich mich hinunterbeuge, um zu fotografieren, nimmt der Guide einen meiner Stöcke, um sofort zuschlagen zu können, sollte die Schlange mich angreifen.

Die Otter sei giftig, sagt der Guide. Der Biss dieser Viper, lese ich später bei Wikipedia nach, sei nicht tödlich. Und trotzdem wäre ein Angriff der Muhau, wie sie der Guide nennt, lebensgefährlich. Das Gift könnte sich im Körper ausbreiten, der Weg in ein Krankenhaus wäre zu weit.

Es berührt mich, dass der junge Mann mich beschützt und mein Leben verteidigen würde. Auf dem Abstieg passt er seine Schritte den meinen an, macht öfter Pausen für mich. Kurz vor dem Dunkelwerden kommen wir am Mekong-Ufer an. Mir zittern die Knie nach der anstrengenden Tour, die ich dennoch auf keinen Fall missen möchte. In der Nacht träume ich vom dichten Grün des laotischen Dschungels, von der Sicht auf 1000 Meter über den Mekong hinweg ins Hinterland, von der giftgrünen Schlange im Bambusdickicht ...

Luang Prabang

Mittwoch, 08. Januar

Ich fühle mich nicht gut. Als hätte ich zu viel gesoffen am Vorabend, aber außer Wasser, Wasser, Wasser und dem kleinen Schluck Reisschnaps habe ich gestern auf der Trekking-Tour nichts getrunken.

Heute sortiere ich mich, lasse die Wunden heilen und den Körper sich erholen. Ich bereite meine Heimreise vor. Auch seelisch. Aber das ist schwieriger als die sonstige Organisation.

Wieder mal will ich nicht wirklich zurück. Warum auch? Es ist warm hier in Laos. Aber nicht zu heiß. Die Sonne scheint jeden Tag. In den Palmen zwitschern Vögel. Überall gibt es Marktstände mit frisch zubereitetem, leckerem Essen. Abends füllt sich die Hauptstraße mit Touristen, die sich in den Bars und Restaurants treffen. Wenn man möchte, kann man jeden Abend nach Einbruch der Dunkelheit über den Nachtmarkt schlendern. Da gibt es alles, was das Touristenherz begehrt: bunte Tücher, Täschchen, Kissen, herrliche Stoffe, Röcke und Blusen, kleine und große Teppiche, Schalen, Schmuck und viele Dekoartikel. Vieles davon wird in der Umgebung hergestellt, sagt eine Händlerin.

Langsam finde ich in den Nebenstraßen die besseren Restaurants, entdecke das Massage-Angebot des regionalen Roten Kreuzes. Ich lasse meine schmerzenden Knochen und Muskeln und Sehnen von einem kompetenten Masseur behandeln. Keiner guckt dabei zu, wie an der Hauptstraße in den Massagesalons. Ich schlendere durch die Straßen Luang Prabangs, am Flussufer entlang, genieße die abendliche Wärme und das bunte Treiben auf dem Nachtmarkt. Für mich steht fest: Ich werde immer wieder gerne zurückkommen in diese ruhige, relaxte Stadt mit den bunten buddhistischen Tempeln, den netten Straßencafés und den freundlichen Menschen. Schließlich wohnt jetzt auch ein guter alter Freund von mir hier – der Benz.

Luang Prabang (Laos) – Hanoi (Vietnam)

Donnerstag, 09. Januar

Ich blicke zurück auf meine Tour, die von bürokratischen Problemen begleitet war. Meine Bilanz ist von gemischten Gefühlen geprägt.

Ganz nahe bin ich am Krisengebiet in Nordsyrien vorbeigefahren. Dort tobt seit 2011 ein Bürgerkrieg mit zunehmender Beteiligung von Drittstaaten, die eigene Interessen verfolgen. Die Zahl der Flüchtenden nimmt zu. Die Türkei soll die Menschen zurückhalten. Im Oktober, kurz bevor ich dort durchfahre, beginnt die Türkei eine groß angelegte Offensive in Nordsyrien, die im Dezember noch verstärkt wird. Vor der Einreise vom Iran nach Pakistan durch Belutschistan auf dem Landweg wird beim Auswärtigen Amt nach wie vor gewarnt. Die Teilreisewarnung ist aktiv. Mich haben bewaffnete Eskorten bis Quetta in Pakistan geleitet. Zwischen Pakistan und Indien gibt es wegen des Kaschmir-Konflikts starke Spannungen. Ich bin freundlich durch diese Grenze geleitet worden. In Myanmar wüten schwere Konflikte zwischen den Ethnien, und doch bleibt mir vor allem in Erinnerung, wie herzlich ich begrüßt wurde.

Im Iran wurde mehr als eine Woche lang das Internet landesweit abgeschaltet. Es gab heftigen Protest im Rahmen der Benzinpreiserhöhung, viele Inhaftierungen und Tote auf beiden Seiten. Laos ist ein komplett kommunistisch regiertes Land. Es herrscht ein sozialistisches Einparteiensystem. Alle staatlichen Amtsträger sind auch Funktionäre der Partei. Auch hier ist wie in vielen asiatischen Ländern der Einfluss Chinas deutlich gestiegen. Staudämme, Autobahnen, Bahntrassen, Brücken, Stromleitungen werden durch ökologisch wertvolle Landschaften ohne Rücksicht auf Mensch oder Natur gezogen. Konflikte, wohin man schaut. Wie dringend die Welt Abrüstung, Zusammenarbeit und Frieden braucht, habe ich während meiner Reise nach Südostasien erlebt. Stattdessen wird eine Spirale der Aufrüstung in Gang gesetzt. Unsummen werden in die Modernisierung von Nukleararsenalen investiert statt in Bildung und den nötigen Ausbau des Gesundheitssystems, in Umweltschutz oder Forschung. Und all das, obwohl in Artikel 2 Nummer 4 der Charta der Vereinten Nationen das allgemeine Gewaltverbot festgelegt ist, das den Mitgliedern die Anwendung militärischer Gewalt verbietet.

Eine nicht ganz einfache Reise, geprägt von mühsamen Grenzübertritten, neigt sich ihrem Ende entgegen.

Lange habe ich gestern Abend versucht, online einzuchecken und Informationen über die erlaubte Gepäckmitnahme bei Vietnam Airlines zu finden. Nichts. Als ich es heute Morgen erneut versuche, finde ich zu meinem Entsetzen die Nachricht, dass es seit August 2019 eine Gewichtsbeschränkung gibt. Maximal 23 Kilo Reisegepäck darf man aufgeben! Der Koffer mit meiner Motorradausrüstung und vielen Reisebüchern und Karten wiegt eindeutig mehr. Im Benz alles kein Problem. Aber der bleibt ja hier.

Also umpacken. Noch im Hotel versuche ich so viel wie möglich ins Handgepäck umzustapeln. Das allerdings darf maximal zwölf Kilo wiegen. Wenn ich Pech habe, muss ich am Flughafen Sachen rausnehmen, als Frachtsendung nach Hause schicken oder wegschmeißen. Falls sie mein Ticket überhaupt finden, das ich bereits bezahlt habe ... Immer wieder in all den zweiundachtzig zurückliegenden Tagen dieser Reise gab es Hindernisse zu bewältigen, die ausschließlich bürokratisch bedingt waren. Nicht die hohen schneebedeckten Berge im Iran, Sand, Schlaglochpisten oder Kommunikationsschwierigkeiten haben mich aufgehalten. Nur die vermaledeite Bürokratie, die politischen Bedingungen in vielen Grenzregionen und Ländern. Wer ist schuld daran? Bürokraten und Diktatoren. Und die braucht eigentlich niemand.

Hanoi (Vietnam) – Frankfurt – Thurnhosbach

Freitag, 10. Januar

Ich fliege von Luang Prabang über Hanoi zurück nach Frankfurt. Unterwegs denke ich an zu Hause. Was wird mich erwarten? Ich freue mich auf den Garten, auf mein schönes Zimmer. Ich werde endlich mal wieder in Ruhe nichts tun können. Wie es wohl den Pflanzen geht? Und den Katzen?

Mein Versuch, in Laos online für meinen Rückflug einzuchecken, bleibt erfolglos. Ich entschließe mich daher, frühzeitig zum Luang Prabanger Flughafen zu fahren. Ob jemand merken wird, dass ich mit einem Auto eingereist bin und ohne Auto das Land verlasse? Und das Problem mit dem Übergepäck muss ich irgendwie lösen. Mein Koffer ist noch immer mindestens vier Kilo zu schwer. Das Handgepäck mit allen Nebentaschen wiegt mehr als zwölf Kilo. Nach längerem Hin und Her finden sie am Check-in-Schalter endlich meine Buchung. Gott sei Dank! Die letzten überschüssigen Kilos meines Gepäcks bringe ich im Rucksack unter. Ein Glück, mein Koffer wird mit zwei Kilo Übergewicht durchgewunken! Beim

Aufsetzen des Rucksacks lächle ich, als wöge der weit unter zwölf Kilo, gehe aber etwas vornübergebeugt. Dann wird das Handgepäck gecheckt. Alle Taschenmesser hatte ich vorsorglich im Koffer untergebracht. Aber der Stein!

Der Heilstein, Schutzstein für Reisende, der mich schon einiges an Nerven bei der Militärkontrolle in der Türkei gekostet hat, darf nicht mit in den Flieger. Warum auch immer. Ich will ihn aber unbedingt behalten. Also zurück. Der Koffer ist bereits auf dem Weg aufs Flugfeld. Das Gepäck zurückordern, den Stein ins Gepäck legen, immer in der Angst, dass das wahre Gewicht des Koffers entdeckt werden könnte. Leichter wird er durch den Stein bestimmt nicht. Aber der Koffer, der Stein, das Handgepäck und ich kommen ohne Probleme durch alle Kontrollen. Niemand fragt mich nach dem Verbleib des alten Benz.

In Hanoi entdecken sie schließlich die Schere in der Erste-Hilfe-Tasche im Rucksack. Die soll dableiben. Bevor ich sie abgebe, darf ich mir noch zwei Streifen Pflaster abschneiden: einen für die Wunde, die ich mir beim Sturz mit dem Moped am Unterarm zugezogen hatte, den anderen für die schmerzende Erinnerung an den Mekong zwischen meinem Daumen und Zeigefinger.

Vier lange Stunden warte ich in Hanoi auf den Weiterflug. Kurz vor Mitternacht startet dann unser Flieger in die Nacht. Und noch immer ist es dunkel, als er zwölf Stunden später in Frankfurt landet.

Jetzt geht das Koffergezerre los. Irgendwie haben sich die Rollen meines Koffers verklemmt. Ich muss also das schwere Teil über den Boden ziehen. Eine schweißtreibende Angelegenheit. Mir ist warm, trotz der acht Grad draußen. Düsteres Deutschland. Regen. Alle sind dunkel gekleidet. Niemand lächelt. Auf dem Gleis hält ein Zug. Ist es der richtige? Ich steige ein, frage eine dunkelhäutige junge Frau. Dabei stellt sich heraus, dass sie in den falschen Zug eingestiegen ist und ich im richtigen bin. Ich helfe schnell mit, ihre schweren Koffer aus dem Zug zu laden. Sie bedankt sich überschwänglich. Wir lachen miteinander. Es geht also. Auch im düsteren Deutschland.

19:38 Uhr.

Es ist schon wieder dunkel. Ein langer, dunkler Tag liegt hinter mir. Keine Sonne. Die Taxifahrerin des Ruftaxi-Anbieters fährt immer nur freitags. »Freitags kommt Vogel«, so werde sie genannt, erzählt sie mir lachend. Ich bin froh, dass es das einfache und günstige Ruftaxi-Angebot gibt, das die wenigen Bus- und Zugverbindungen auf dem Land ergänzt. Üblicherweise werden nur öffentliche Haltestellen angefahren, aber Frau Vogel bringt mich freundlicherweise mit dem verklemmten Kofferungetüm direkt vor mein Haus.

Oben angekommen, erscheint mir alles fremdartig. Die Katzen stellen sich nach und nach ein und geben mir zu verstehen, dass sie beleidigt sind: Weißt du eigentlich, wie lange du weg warst?

Acht Grad fühlt sich nicht so kalt an, wie ich befürchtet habe, und es ist sehr viel grüner als gedacht. Und feucht. Überall Wasser. Im Garten beginnt bereits alles zu sprießen.

Langsam komme ich an. Die Eindrücke dieser Reise mit dem alten Benz nach Südostasien schwirren wie ein Traum durcheinander in meinem übernächtigten Kopf. Edi aus Litauen hat sich gemeldet, der Weltenbummler mit dem Mini-Geländewagen, den ich in Pakistan getroffen habe. Er liest meine Facebook-Einträge. Hat mitbekommen, dass ich wohlbehalten wieder zu Hause angekommen bin. Er ist echt witzig. Ich mag den jungen Mann. Wie er in der Polizeistation in seiner trockenen, spitzbübischen Art den kranken Mann gegeben hat, war großartig. Wir waren einmal zusammen gefangen in Quetta.

Einfach abfahren

Thurnhosbach im Februar 2020

Ich sitze am Küchentisch. Ich bin immer noch Ortsvorsteherin von Thurnhosbach mit seinen vierundvierzig Einwohnern. Die Sonne scheint durch die kahlen Äste. Tausende von kleinen Wassertropfen glitzern im morgendlichen Licht ... es ist still. Die Katzen schnarchen leise auf der Küchenbank. Sie haben mir verziehen. Kein Auto draußen. Niemand zu sehen. Nur die Vögel an der Futterstelle.

Ich sehe mich in Pakistan, die bewaffneten Eskorten auf den Motorrädern umkreisen mich. Es wird gebrüllt, gewunken. Ich muss aufschließen. Darf keine Lücke entstehen lassen, in die sich ein Taliban einklinken könnte. Es fühlt sich an wie Krieg. Es ist Krieg. Die anderen Verkehrsteilnehmer brauchen nur einen kurzen Wink mit der Hand der Soldaten. Sofort weichen sie zur Seite. Machen Platz im dichtesten Verkehrsgetümmel.

Ich denke an Indien. An die Frau unter der Stadtautobahn. Jetzt in diesem Augenblick lebt sie dort im Dreck. Unter den feuchten Pappkartons und Blechplatten und Plastikplanen.

In den Abgasen, dem Lärm, der Enge dieser überbevölkerten Gegend.

Ich denke an die Piste in den Bergen im Nagaland in Nordostindien. Es ist Nacht. Staubig. Ich sehe nichts. Die Bremsen funktionieren nicht. Das GPS redet Unsinn. Ab und zu ein Polizeiposten. Lastwagen donnern vorbei. Wenn die Fahrer Pause machen, entzünden sie kleine Lagerfeuer gegen die Kälte. Die Staubwolke umhüllt mich.

Von hier aus, am Küchentisch in Thurnhosbach gesehen, der absolute Irrsinn! Das geht nicht! So etwas kann man nicht machen! Das ist Hölle!

Wenn du dich aber langsam dorthin gearbeitet hast, Tag für Tag, Kilometer um Kilometer, dann geht es. Man kann das aushalten. Du hörst auf zu bewerten. Versuchst nur durchzuhalten. Zu überleben. Und es geht. Die Angst hört auf. Du bist immer im Ausnahmezustand. Neugierig. Schließlich nimmst du Anteil am Leben der anderen. Siehst Furchtbares. Und Schönes. Erfährst die Hilfsbereitschaft und Gastfreundschaft der Menschen in Asien. Und so wird es eine der wertvollsten Erfahrungen, die ich je in meinem Leben machen durfte.

Szenenwechsel: Kinotour. Ein Monat ist vergangen, Johannes, Paul und ich sind unterwegs mit dem Film »Über Grenzen«. Nach einer der Vorführungen spricht mich ein Iraner an. Er ist sechsundsiebzig Jahre alt, vor sechzig Jahren sei er aus dem Iran ausgewandert.

»Seit vierzig Jahren bin ich nicht mehr dort gewesen. Ich lebe in Deutschland mit meiner deutschen Frau. Wie du im Film über die Menschen im Iran gesprochen hast, hat mich tief berührt«, sagt er mit Tränen in den Augen.

Jetzt möchte er noch einmal zurück in sein Heimatland. Noch einmal den Iran besuchen. Der Film habe ihn darin bestärkt. Er dankt mir immer wieder für die Gefühle, die der Film in ihm ausgelöst habe.

Immer wieder begegnen mir bei Filmgesprächen Menschen, die zutiefst gerührt und berührt sind. Die Botschaft des Films: Trotz aller technischen, natürlichen und bürokratischen Hürden, die mir unterwegs begegnen, die Welt ist schön, die Menschen sind gut. Daran soll sich mein Publikum orientieren können. Nicht an den Terrornachrichten, die uns täglich überschwemmen. An Mord und Totschlag, Krankheiten, Pandemien, Wirtschaftskrisen und Gewalt, an politischer Willkür und brutaler Ausbeutung. Ja, ich bin Idealistin, ich glaube, dass wir miteinander diese Welt besser machen können. Dass es sich lohnt. Dass es im Leben mehr gibt als Arbeiten, Einkaufen, Fernsehen. Dass es einen Sinn gibt. Und dass der andere neben mir gut ist.

Das Unterwegssein im Unbekannten ist eine Herausforderung. Und manchmal hart, dreckig und eine Zumutung. Die Schwierigkeiten aber, denen du begegnest, werden nie so groß werden, dass du sie nicht bewältigen kannst. Und wenn es an einer Stelle nicht weitergeht, tun sich andere Wege auf. Weil es immer wieder Menschen gibt, die dir helfen werden, deinen Weg zu gehen. Und weil du nie weiter fallen kannst als in die aufgehaltene Hand Gottes.

Also nur Mut, einfach abfahren und das wagen, was du schon immer in deinem Leben einmal unbedingt machen wolltest.

Verwurzelt wie ein Baum, frei wie ein Vogel

Ein kleiner Ausblick

Es wird Frühling. An Tagen, an denen die Luft wieder etwas milder wird, überkommt sie mich wieder, die Sehnsucht. Nach dem Aufbruch. Irgendwohin. Ich weiß genau, dass ich diesen Reisewunsch immer wieder befriedigen möchte, solange es irgendwie geht.

Eigentlich gefällt es mir ja zu Hause, ich mag meinen Garten, die Umgebung, meine Freunde. Ich habe manchmal mit dem Gedanken gespielt, Hühner und Ziegen und Mulis zu halten, diese Idee aber immer wieder verworfen – sonst würde ich zu sesshaft werden, glaube ich. Emotional verwurzelt sein ist gut, angebunden sein ist schlecht für mich.

Im Vorfeld meiner Reise haben mich viele gefragt: Warum willst du durch den Iran und Pakistan fahren, alleine, als Frau? Ist das nicht schwierig und gefährlich? Doch, ist es. Aber mir ist kein Haar gekrümmt worden.

Mein Plan war ja, in Thurnhosbach ins Auto zu steigen und in einem Rutsch nach Südostasien zu fahren. Die Weite und die Freiheit dieser Strecke haben mich vorab fasziniert – und genau das Gegenteil ist passiert. Ich bin an jeder Grenze erst mal gescheitert und war extrem unfrei unterwegs, saß sogar in einer Festung, in einem Gefängnis und wurde in Pakistan auf jedem Meter meiner Reise streng bewacht. Natürlich wäre ich am liebsten ohne Eskorte unterwegs gewesen, aber ich bin zugleich froh, dass mir nichts passiert ist. Die Reise hat mich glücklich gemacht. Und dass der Benz jetzt für eine Bücherei in Luang Prabang arbeitet, was könnte es Schöneres geben!

Vor meinem Haus parkt nun ein anderer, gebrauchter Benz. In der Garage steht mein neues E-Bike. Und im Abstellraum habe ich mein frisch gekauftes Kajak untergebracht.

Mit diesem Boot war ich 300 Flusskilometer von Eschwege an der Werra bis Nienburg an der Weser unterwegs. Eigentlich wollte ich ans Meer paddeln. Aber Phil, der mich begleitet hat, musste die Tour abbrechen, eines im Winter in Österreich gebrochenen Daumengelenks wegen. Zwölf Tage auf dem Fluss. Eine außerordentliche Erfahrung. Wir wollen die Tour noch abschließen und bis Bremerhaven paddeln. Mit dem neuen E-Bike übe ich jetzt in den nordhessischen Bergen. Ich möchte die Werra flussaufwärts fahren und vielleicht auch eines Tages auf dem Donau-Radweg unterwegs sein.

Auch bei dieser Fernreise habe ich vieles gelernt.

Dass nicht alles so läuft, wie man sich das am Küchentisch vorgestellt hat. Dass das aber nicht schlecht sein muss, wenn man sich darauf einlassen kann. Dass Hindernisse immer einen guten Grund haben können. Bestenfalls kann man etwas dabei lernen, wenn man sie überwindet oder einfach abwartet, bis sich die Situation von allein regelt.

Ob mit einem alten Benz, einer 125er-Honda, zu Fuß, mit einem Kajak auf dem Fluss oder mit einem E-Bike – unterwegs sein, sich bewegen, sich berühren lassen von der Welt, ist für mich etwas Wunderbares.

Ich werde es immer wieder machen. Die Welt ist schön, und die Menschen sind gut.

Danksagung

Vor allem möchte ich meiner Familie danken, dass ich diese Reise antreten und fortsetzen konnte. Meinen Söhnen Imo und Phil, dass sie mich nie daran hindern aufzubrechen. Steffen, der mir mit guten Tipps geholfen hat, wenn es eng wurde unterwegs. Joh und Paul, die mir immer wieder unerschrocken hinterherreisen. Und mit deren professioneller Kompetenz der Film »Über Grenzen« entstanden ist. Sie begleiten mich nicht nur bei meinen Abenteuern, sondern auch bei den Film- und Buchgesprächen. Titus Arnu und Philip Laubach danke ich für die unverzichtbare Unterstützung beim Schreiben. Ohne die beiden gäbe es meine beiden Bücher nicht. Zwei wundervolle Kerle. All den vielen Menschen, die mir unterwegs weitergeholfen haben, darunter auch Hussain Quadir Shah aus Pakistan, und denen, die mich freundlich in ihrem Land aufgenommen haben. Vielen Dank an meine Nachbarn, dass sie meine Freude am Reisen unterstützen und mich zu Hause vertreten. Und last but not least danke ich meinen Freunden, die mich bei der Rückkehr willkommen heißen.

Ein ganz tief empfundener Dank gilt meinem geliebten Bruder Achim. Sein Stolz auf mich als seine abenteuerlustige Schwester, seine wundervolle Sicht auf die Welt, die mich von Kindesbeinen an begleitete, all die vielen großen und kleinen gemeinsamen Erlebnisse machen mich glücklich und dankbar.

Mein persönliches Fernreise-ABC

A – wie Aufbrechen. Der größte Fehler, wenn man eine Reise plant, ist es, nicht aufzubrechen.

B – wie Bremsen. Mitunter werden Bremsen überbewertet.

C – wie Chanta – die Leiterin der Public Library in Luang Prabang. Übrigens eine sehr sehenswerte Bibliothek.

D – wie Daniel Rintz – ein erfahrener Weltreisender, »Somewhere Else Tomorrow« und »Somewhere Else Together« sind zwei Filme dieses Abenteurers, der mich sehr inspiriert hat.

E – wie Essen – im Ausland niemals Gemüse oder Obst mit Wasser aus der Leitung waschen. »*Peel it, cook it or leave it.*«

F – wie Film – »Über Grenzen«, über meine Reise mit der 125er-Honda durch Zentralasien.

G – wie Grenze – an der Grenze bleib immer ruhig, am besten, du packst einen Stuhl aus und lässt dich entspannt darauf nieder. Hilfreich ist es auch, die Stiefel auszuziehen … sagt Daniel Rintz (siehe auch D).

H – wie Hussain Quadir Shah – er verfasst Einladungsschreiben für Pakistan-Reisende.

I – wie iOverlander ist eine kostenlose App bzw. Website für all jene, die mit ihrem eigenen Fahrzeug auf der Welt unterwegs sind. Sie zeigt die genauen GPS-Daten von Campgrounds, Hotels, Restaurants, Tankstellen, Werkstätten. Wi-Fi, öffentlichen Brunnen, Fährverbindungen, Orten, die man besser meiden sollte, und vieles mehr.

J – wie Joh, der Filmemacher, der in Zentralasien und bei der Reise mit dem Benz für ein paar Tage dabei war, um zu filmen.

K – wie Kabelbinder. Immer dabeihaben. Kabelbinder können in vielen Notlagen helfen.

L – wie Laos – das Land in Südostasien bezeichnet sich als marxistisch-leninistischen Einparteienstaat.

M – wie Maps.me – eine mobile App, die offline Navigation möglich macht, wenn vorher die entsprechenden Karten heruntergeladen werden. Sie stellt die OpenStreetMap-Daten bereit.

N – wie *Never give up*. Suche einfach nach einem anderen Weg.

O – wie Overland to Asia: *»I invite to join this new group which wants to connect Overlanders who travelled from Europe to Asia or from Asia to Europe. This unique group will provide information for other travellers and will be a meeting place for ideas, projects and photos. Please invite travelling friends to join this new group.«* (Öffentliche WhatsApp-Gruppe, 2840 Mitglieder).

P – wie Paul – der zweite Kameramann, der u. a. sehr dezent sehr gute Drohnen-Aufnahmen macht.

Q – wie Quetta – Hauptstadt der Provinz Belutschistan in Pakistan.

R – wie Rajasthan – nordindischer Bundesstaat an der Grenze zu Pakistan.

S – wie Streetsfilm – produziert internationale Filmdokumentationen & Imagefilme.

T – wie die WhatsApp-Gruppe »Thailand« – *»This group is aimed to gather all overland travellers on their journey using their own vehicle and who may be concerned about the new law in Thailand effective on 27th of june 2016 for temporary* *import of foreign vehicle for tourism and transit purposes. It is aimed to collect, share and consolidate information about this issue.«* (Private Gruppe mit 2183 Mitgliedern, berät und hilft bei einer Reise mit dem eigenen Fahrzeug durch Thailand).

U – wie Umleitungen. Bei GPS geführten Reisen trotzdem das eigene Denken nicht aufgeben.

V – wie Vorrat. Immer eine Handvoll Nüsse und Datteln in der Tasche haben.

W – wie »www.über-grenzen.de« – Website für Film und Buch »Über Grenzen«.

X – wie Xizang – chinesischer Name für Tibet. Im Himalaya entspringt die Quelle des Brahmaputra.

Y – wie Yin und Yang – stehen für gegensätzliche Kräfte oder Prinzipien, die sich aber nicht bekämpfen, sondern ergänzen. Himmel und Erde, Ebbe und Flut, Tag und Nacht, sie können ohne einander nicht existieren.

Z – wie Zen, das Leben zu leben in seiner ganzen Fülle.